読んで旅する、

日本と世界の色とりどりの教育

A GUIDEBOOK FOR DEMOCRATIC EDUCATION AROUND THE WORLD BY MIDORI TAKEDA

武田 緑

教育開発研究所

EDUTRIPとは……
多様な立場の教育関係者や教育を
学びたい方と一緒に、国内外の
現場を訪ねる学びの旅です
先生
保育士
教育に
関心のある
学生
NPO
スタッフ
研究者

これまで訪れた
日本の学校・教育機関
高校
中学校
小学校
市民大学
フリー
スクール
オルタナティブ
スクール
教育NPO
プレーパーク
子ども食堂や
放課後の居場所
北海道
沖縄
長野
関東
島根
関西

教育を見つめ直す旅、EDUTRIP

EDUTRIPには、子どもや教育に関わっている／これから関わりたい、という方々が毎回参加してくださっています。

訪れる国や地域はさまざまですが、共通するのは自分が普段いる場の「あたりまえ」を外側から眺める視点を与えてくれること。

せわしない日常から離れ、リフレッシュしつつも、「教育」や「自分自身」を見つめ直す、そんな「学びほぐし」の旅です。

はじめに——旅立ちの前に

「こんなにも教育についてどっぷり考えたことはなかった」
「自分が持っていた選択肢の狭さに気づいた」
「教育は社会をつくるものなんだと初めて実感した」

これらは、私が10年来実施してきた国内外の教育視察ツアー・EDUTRIPに参加した方たちの言葉です。

おそらく教育視察ツアーというと、イメージされるのは「先進事例を見に行って、持って帰ってこよう」という趣旨のものではないでしょうか？　それはそれで意味のあることだと思いますが、私たちがやってきたEDUTRIPは、それとは少し違ったコンセプトを持っています。

この本のタイトルには、〝読んで旅する〟という言葉を入れました。EDUTRIPは、旅行です。旅をするというのは、異文化に触れること。異文化に触れるというのは、自分の持っている〝あたりまえ〟に気づくことでもあります。

自分自身の常識や、日本におけるアタリマエとは異なる、他国の教育や国内のオルタナティブ*な教育のかたちに触れる機会をつくりたい。それがEDUTRIPを企画している一番の思いです。「私の知っていることと〝違う〟」という刺激は、鏡となって、私たち自身の教育観を照らし出してくれます。自分の中にある「前提」を問い直し、教育に関わるうえでの「自分軸」を再構築する非日常の場づくり。それがEDUTRIPでやってきたことでした。

同じ場所に、それぞれ価値観やバックグラウンドの異なるみんなで行く、ということに実はとても意味があるのです。当然ながら、同じ教育現場、同じ国を訪れても、みんな見るところや感じることが違います。ある学校のことを、参加者のAさんは「感激した！　私が感じていた今の教育への違和感にこたえてくれるような現場だった」と言い、Bさんは「ここの教育が子どもたちにとっていいとは思えない。すごく違和感がある」と言う、というようなことが、

＊オルタナティブ：「代替の／新しい」という意味です。ですから、オルタナティブ教育は「既存の教育に代わる新しい教育」、オルタナティブスクールは「既存の教育に代わる新しい教育」という意味を持ちます。詳しくは210頁のコラムを参照。

しばしば起こります。そこから、私たちは対話を始めます。どんなところがいいと思ったのか、何が違うと思ったのか。それはどうしてか。そう感じた自分の根本にある経験や価値観はどんなものなのか。自分にとって大切な軸を発見したり、無意識のうちに自分を縛っている囚われに気づいたりしながら、「よい教育ってなんだろう」「学校って何をするところなのだろう」「自分が本当に望んでいることはなんだろう」と考え合う、EDUTRIPはそんなスペース（時間と空間）を生み出してきました。

過去の参加者の声を、一部ご紹介します。

●学校現場にいると時の流れがはやく、日々慌ただしく一年が過ぎ去っていく。年々できることは増えているのかもしれないけれど、それを見つめ直す間も十分ないまま、次のスタートに立つ。「これで自分はいいのだろうか」「このまま仕事を続けていくんだろうか」そんなことを思っていたときに、出会ったのがこのツアーです。訪れた教育現場は新鮮でたくさん刺激をもらったことはもちろんですが、一番よかったことは、今日見たことを題材に参加者同士で毎日いろんな話ができたことです。正直、職場での研修よりずっと頭を使いました。それは、正解を求める話し合いではなく、自分はどう思うかの伝え合いで、話すごとに自分の中が整理できていくようでした。（30代・中学校教諭）

●ツアーを通して最も強く感じたことは、働く教師が「教育を通して社会をより良くする」という強い意思を持っている、ということでした。私にはそれがとても羨ましく思えました。というのも、私は日本に対して「どうせ何も変わらない、組織や社会とはそういうもの」と勝手に決めつけていたからです。しかし、ここではそうではありませんでした。みんながよりよい社会について考え、行動することに好意的でした。異なる土地の教育や文化の中から学ぶことは、とても多いと思います。（20代・教員志望／大学院生）

●たくさんの現場を視察しましたが、共通するのは、「子どもは未来」ということなのだと振り返って思います。移民の子たちの学びを保障することで大人が変わり、互いの宗教を尊重しながら学ぶことは、子どもたちがこれからも共に生きることができるようにするためであり、スラムの親子への支援は、親と子がこれからも豊かにつながり続けるためなのだろう。そしてそのすべては未来につながっているのだと思います。（20代・小学校教諭）

●失敗を恐れることなく、対話しながら安心して学べ、他者と比べられることなく個の成長を評価してもらえる学校。「先生たちはやさしい。相談したらいつも真剣に寄り添って対話してくれるから」と子どもたちが口々に言う学校。これは驚くべき事実でした。国のカタチは違えども、子どもたちの生きる権利は同じです。私たちの目の前にいる子どもたちは今を思いっきり生きているでしょうか。自問自答は尽きませんが、これからでもやれることはたくさんありそうです。この意思を持って元気に動いていきたいと思います。子どもたち、そして大人たちの幸せのために。（50代・小学校教諭）

日本中、世界中で出会える教育現場とそこにいる人々の思いや営みは本当に多種多様で、まさに色とりどり。訪れる私たちの世界の見え方を、より多面的に、鮮明にしてくれます。そんな、EDUTRIPならではの学びは今、コロナショックで吹っ飛んでしまい、ツアーを実施することが困難な状況にあります。そんな時だからこそ、旅での学びを追体験できるような本になればという思いでこの本を書き上げました。

1章では、ここに至るまでの私自身の原点を振り返ります。この本の中心となるのは、2章、3章です。2章では国内の、3章では海外の、私自身が触れてきた国内外の様々な教育を紹介しています。なるべく訪問した際のエピソードの記述を多くして、その時の私自身の感情の動きとともに現場の様子を描くように努めたつもりです。4章では、私が心惹かれてきた学校や学び場のことを俯瞰して、共通項を整理し、5章では、日本の教育のこれからについて、私自身の考えや思いをつづっています。

文章と写真を手がかりに、現地の様子を想像しながら、一緒に「教育を学ぶ旅」を楽しんでいただけたら幸いです。また、自分自身のことや、これからの教育のことを、グルグルと考える時間を、この本を読みながら過ごしていただけたら、とても嬉しく思います。

そして、いつか実際に、読者の方と、一緒に旅ができる日が来ればと願っています。

目次

1章

EDUTRIP が生まれるまで

生まれ育った地域とそこで受けた教育

「よい教育ってなんだろう?」「学ぶってどういうことだろう?」「学校って何のためにあるのだろう?」子どもの頃、そんな疑問が頭に浮かんだことはありますか?

実は私自身は大人になるまでそんなことはあまり考えたこともありませんでした。というのも、私はかなり学校に適応している子どもでした。勉強はできる方で、大人に褒められるのが好きでした。いわゆる優等生というか、ミニ先生的な子どもで、我は強いけれど、大人の影響を強く受けるところがあったと思います。

私が生まれ育ったのは大阪市内のほどほどに都会、と言っていいエリアで、近くにＪＲと阪急の駅もあり、交通の便のよいところです。駅の西と東で景色がかなり違います。片方はオフィスビルの多い地域で、もう片方の私の地元は、市営住宅や府営住宅がたくさん立ち並ぶ景色が広がっています(今は駅のこっち側も、再開発で新しいマンションが増えました)。

私が育ったのは「被差別部落」[*]と呼ばれる地域でした。地域には、差別に抗おうとする社会運動がありました。ここで言う社会運動とは、差別に対して「おかしい」と声をあげていく活動と、差別やそれに起因する貧困・社会的排除に抵抗していくために教育や福祉を充実させ、セーフティネットを張っていこうという、相互扶助のコミュニティづくりの両方を指します。

通っていた学校もそうした地域性に影響を多分に受けており、人権教育が盛んで、部落問題や、在日コリアンへの差別問題、障がい者差別……様々な人権課題を学んできました。こうやって並べると難しそうで堅苦しそうに見えるかもしれないのですが、私の育った地域と学校では、生徒の中に当事者がたくさんいたため、これらのことは「私のアイデンティティ」の話であり、「友達のバックグラウンド」の話であり、この先社会で生きていくうえで、ぶつかるかもしれない「自分たちの問題」でもありました。

それから、戦争のこともよく学びました。修学旅行は、小学校は広島、中学校は長崎、高校は沖縄で、平和学習3連チャンでした。被爆者の方や、ひめゆり学徒隊の生存者の方への聞き取りもしました。

私のこれまで生きてきた道を旅とすれば、「起点」は間違いなくこの地域と、この学校です。

＊被差別部落：江戸時代以前の身分制度のもとで、歴史的に差別の対象となってきた地域。そこに住んでいる、ルーツを持っている、関係があると見なされた人々に対して、日常生活や結婚・就職などの場面での差別が現在も残っています。

私はそこで順応・適応し、わりと「大人に褒められる子ども」だったので、それはつまり「社会課題に敏感で、アクションをとれる子」であるということ、みんなの前で意見を言い、自分の立場と思いを語り、リーダーシップをとれる子、ということだったと思います。

多様な人たちと共に世界を旅して

ピースボートでの「地球一周」

2004年、18歳の時、国際NGOピースボートの「地球一周の船旅」というものを知りました。きっかけは、当時とても影響を受けた人が、過去にこれに参加していたことでした。「ポスターを貼ったらタダでいける」という話も聞き、もともと海外に関心のあった私は、西梅田にあった事務所に説明を聞きに行きました。アジアやアフリカの子どもたちの弾けるような笑顔や、雄大な海を泳ぐイルカの群れ、美しい世界遺産の写真や映像にあっさりと心を奪われ、その年の10月22日（おりしも自分の誕生日でした！）に東京の晴海港を出航。アジア、アフリカ、南米、太平洋の島々をめぐる101日間の旅に出ました。

フィリピンで、日本軍占領下で〝慰安所〟が置かれていた村を訪れ、性奴隷にされてきた経験を持つロラ（タガログ語でおばあちゃんの意）たちの話を聞いたこと。ケニアで、密猟によって親を奪われた子象たちの保護施設に行き、ソランゴという象の里親になったこと。南アフリカの旧黒人居住区で、HIV陽性のお母さんと施設で暮らす子どもたちと一緒に遊んだこと（中でもスザベレという子と長い時間折り紙をして一緒に遊びました）。

〝ファベーラ〟と呼ばれるブラジルのスラムでは、小学生と幼稚園児ぐらいの兄弟がフィールドワーク中の私たちの後をずっとついてきて、とってもかわいかったのですが、現地のNGOのスタッフさんから「ここの子どもたちは20歳になる頃には6割が麻薬の密売をはじめ、何らかの犯罪に手を染めるのが現状。それだけ貧困が深刻で、マフィアになる以外のロールモデルがないんだ」という話を聞き、言葉をなくしました。

ニュージーランドやタヒチでは先住民族のマオリやマオヒの人たちのコミュニティにお邪魔し、伝統的な暮らしを体験させてもらうとともに、土地や文化、言葉を奪われてきた歴史を聞きました。

この101日の間に訪れた国や地域で、出会った人や見た景色、させてもらった体験は何ものにも代えがたい大切なものになりました。

個性あふれる人々との出会い

もう一つ、この船旅で私に大きな影響を与えたのは、「船の上」での出会いや体験です。ピースボートの船の上は、とても不思議なところでした。船には本当に多種多様な人たちが乗ってきます。

性別や年齢はもちろんですが、例えば地元で相当〝ヤンチャ〟をしていて、親が手を焼き、半ば無理やり乗せられたというような若者がいたり、かと思えば、今でいう「ひきこもり」の状態から「何か変わるきっかけがほしい」と清水の舞台から飛び降りるような気持ちで乗ってくる若者もいます。一方で、めちゃくちゃ勉強ができてストレートで東大に入り、大手企業や省庁に就職が決まっているというような人も。

高校生くらいの年齢の子も数人乗っていました。不登校を経験しているというある子は、落ち着いてしっかりしていて、自分の感性に正直なとても素敵な子でした。また、10代から働き詰めで貧乏をしてきたという腰の曲がったおじいちゃんは、引退後青春18切符を駆使しての国内旅行にハマり、初の海外旅行にピースボートを選んだのだと言っていました。

平和活動がしたいから乗ってくる人もいれば、とにかく安く世界旅行がしたいという人、退職した自分へのご褒美に憧れのクルーズ船に！　という人もいます。思想的にも右から左までいろいろです。楽器が弾けたり、書き下ろし（アート習字）ができたり、ジャンベが叩けたり、抜群にトークがおもしろかったり、何か自己表現の手段を持っている人もたくさんいました。

スタッフたちも非常にユニーク。3つ4つの多言語を操る人だとか、元国連職員だとか、ここでなければものすごく高い給料をもらえるのだろうなというような人もいれば、最終学歴が〝ほい卒（保育園卒業）〟で、小学校から学校に馴染まずに来て、でもめちゃくちゃ仕事ができるというような人や、元暴走族で足を洗ってNGOスタッフをやってます、という人、お笑い芸人かというぐらいエンタメ力の高い人などなど。

その環境は、101日間ずっと、当時19歳だった私に「おまえは何者だ」と問いかけてきました。

思想や意見を語り合う経験

船の中では、毎日何十個もの「船内企画」が展開されています。ピースボートスタッフが企画するものもあれば、各分野の研究者や活動家、アーティストなど〝水先案内人〟と呼ばれるゲストの講座やワークショップ、また参加者が内容を決めてブッキングをして企画ができる「自主企画」というものもありました。大掛かりなものとしては運動会や文化祭、クリスマスパーティ、年越しカウントダウンイベントなども。

社会や世界の問題を扱うような〝真面目な〟企画もあれば、「パタゴニアフィヨルド航行中に寒中水泳しよう」だとか、恋愛トークを繰り広げる「恋のからさわぎ」というような〝ふざけた〟企画もあり、どれに参加してもいいし、何にも参加せずに日がな一日海を眺めていてもいい、というような感じです。ちなみにお笑い企画である「恋のからさわぎ」の企画の中で、バイセクシュアルであることをサラッとカミングアウトした友人もいたので、何が〝真面目〟で何が〝ふざけている〟のか、その境目はよくわからないところもありました。

私はといえば、「アパルトヘイトの歴史」「カンボジアの地雷問題」「核兵器」「環境問題」「フェアトレード」などなど、どちらかというと〝真面目〟寄りの講座やワークショップにたくさん出ていました。そもそもいろいろな航路がある中で、この南半球を回る航路を選んだのもやはり、自分のルーツと受けてきた教育の影響から差別や貧困に関心があり、世界で何が起こっているのか少しでも自分の目と耳と体で感じたいと思ったからでした。

船内企画の中でも特におもしろかったのは、ワークショップや「しゃべり場」。当時は、イラクに自衛隊が派遣された頃で、ちょうど私たちが船旅中に、イスラム過激派によって日本人旅行者が殺害されるという衝撃的な事件があり、そのことについての「しゃべり場」は紛糾しました。

自衛隊派遣の是非、イラク戦争に大義はあるのか?ないのか?、危険だとわかりながらイラクに入った彼を非難する意見と、自己責任で片付けるべきではないという意見。

こんなふうに賛否分かれるような、実際に日本や世界で起こっている問題を、オープンエンドで議論するような時間や機会が、船の上にはたくさんありました。

これは、ワークショップや「しゃべり場」のようなセッティングされた場・企画に限ったことではありません。私は、船内企画を紹介する「船内新聞」を毎日出すというボランティアチームに所属していたのですが、ある時友達と新聞をつくりながら、「天皇制」の話になったことがあり、その子は「女系天皇に反対するのが女性差別だっていう意見は全然ちがうと思う。日本に昔からある伝統なのだから、守るべきで、それは差別とはちがう」と言いました。

私は、そもそも天皇制自体に疑問を持っていたので、仲良くしているその子が自分とは異なる考えを持っていることに驚きました。でも、だからといって関係性が変わるわけではなく、その後も仲良く過ごしました。思想や意見が違っても、友達にはなれる、友達でいられる、というのは大きな気づきでした。

葛藤しながら話し合う

この船旅では、旅の終盤にパプアニューギニアのラバウルに寄港しました。太平洋戦争中に日本軍が占領し、旧日本軍南方方面司令部を置いた土地であり、戦中有数の激戦地となったところです。「ここで友人が戦死した」という方も参加者の中には複数いました。ラバウルへの寄港を前に、特にシニアの参加者の中から「船上で、慰霊祭がしたい」という声があがり、その過程で起こっていた葛藤や対立もとても印象に残っています。

慰霊祭は、単なる自主企画ではなくピースボートスタッフも入って実施することになったのですが、その前段で「軍歌を歌おう」という自主企画が立ち上がったり、「英霊のおかげで今の日本がある」という発言が、慰霊祭実施を望んだ参加者から出てくるというようなことがあり、「それって戦争を賛美してることになるんじゃ?」「日本兵がたくさん死んだところだけど、同時に日本軍が侵略したところでもある。そのことをもっと扱うべきでは」という違和感を抱く人も少なくなく、私もその一人でした。

ただ、参加者の中にいた特攻隊の生き残りの方がおっしゃった「二度と戦争はごめんだ、起こしてはいけないと思っている。でも、やっぱり自分たちにとっては軍歌が、まさに青春の思い出。ここで死んでいった友人たちもそうだと思う。だからラバウルの海に向かって軍歌を歌いたい」という言葉には、「うーーーーん」と考えさせられました。「気持ちはわかるが、でも」というような複雑な思いになりました。どうすべきだったのか、慰霊祭はやるべきだったのかどうか、どんな慰霊祭であればベストであったのか。それはわかりませんが、でも少なくとも、こういうことを互いに思いや意見を出し合いながら、葛藤しながら話していくことには意味がある、と感じる経験になりました。

ピースボートの船旅での、１０１日間は、私にとって、人生で最も学びの濃い時間でした。そしてそれは、自分が受けてきた教育について、問い直しが起こる大きなきっかけにもなったのです。

湧いてきた、自分が受けてきた教育への疑問

受けてきた教育の問い直し

ピースボートの経験を経て、一番大きかったことは、今まで私は、社会問題を考えてきたしよく学んできたつもりで、意見も持っている、なんなら「自分の意見は正しい」と思ってきたけれど、それは違ったのかもしれない、ということでした。

船の上で、いろんな人と議論したり話し合ったりする中で、自分とは違う意見や立場に出会うことが何度もありました。そして、そのたびに「私のこれまでの考えは、はたして本当にそうなのか？」という揺らぎが起こりました。というのも、「いや、それは違うと思うよ」「でもこんな意見もあるよ」「だって、こうじゃん」というような反論を受けると、そこにさらに反論を返すことができないことが多かったのです。中でも、「そもそも前提になっている知識が偏ってるんじゃない？」と言われたのは、けっこうこたえました。「そうかもしれないなぁ……」と感じてしまったのです。

前述したように、私は人権教育の盛んな学校における「優等生」でした。思えば、それまで

私の意見や考えだと思っていたものは、ほとんど学校（と地元の地域）の大人たちに提供された情報とメッセージ（価値観）を受け取り、素直に吸収してきたことで形成されたものでした。そこに自分の思考がなかったわけでは、ないと思います。先生や地域の人たちに、悪意があるわけでもありません。先生や地域の人たちが、一生懸命伝えてくれたものを、私は私なりに一生懸命受け取ってきたという、ある種自然なことだと思います。

でもそれは、小さな枠の中での営みで、その外側にある意見を踏まえて、さらに考えを広げたり深めたりする、ということにはつながらないところがあったように思います。

さらに「たどり着いてほしい答え、正解」が多くの場合用意されていました。そして私は、その正解を察知し、そこに自分を近づけていくことを、違和感なく素直にできるタイプだったのだと思います。「この問題に対しては、AやBやCというようないろんな意見があって、それぞれこんな理由があるよ。先生はこういう理由からAなんじゃないかなって思ってるんだけど、みどりはどう考える？」そんな問いかけは、ほとんどされた記憶がありません。

船での経験から得た教育観

船での経験を経て、これまでの自分の受けてきた教育を問い直したことで、自分自身が大切にしたい、目指したい教育の軸のようなものが、ぼんやりと見えてきました。これから大切なのは、立場や背景の違う人たちと出会い、多様な意見を聞き、いろいろな角度から多面的に物事を眺め、自分なりの「もののみかた」「考えや価値観」をつくっていくような教育ではないか、と。人権教育や平和教育においては特に難しいことだとは思いますが、それでも、答えありきでそこにたどり着くように誘導されたり、生徒側がそれを察知して影響されてしまうのではなく、対話や議論に開かれた学び方がいいな、と思うようになりました。

そして、これはおそらく自分が受けてきた教育（自分の通った小・中・高）だけに限ったことではなく、多くの学校教育の抱えている課題なのではないかとも思うようになりました。

船での経験で、私の教育や学びに対する価値観に影響を与えたことは他にもたくさんあります。実際の出会いや体験が、大きなインパクトを与えてくれるのだと実感できたこと。選択肢がたくさんあって、自分で何をするかを選び、決めて過ごすということは、こんなに楽しくて、充実感があるんだ！　と感じられたこと。信頼し合えて、楽しく笑い合いながら過ごせる人間関係が、すべての学びの基盤になるのだということ。人との出会いや関わり合いの中で、自分自身のアイデンティティがかたちづくられていくのだということ……。

また、地元で育ちながら感じていたことに加えて、「こんなのおかしい」「どうにかしたい」と思うことが世界で起こっている諸問題にも広がり、社会的な問題に当事者意識を持つ人が増えなければ、何も解決していかないという思いからも、教育の重要性を強く感じるようになりました。

とはいえ、自分は自分の受けてきた教育しか知りません。おぼろげに見えてきた自分の理想の教育もまだイメージだけの世界でした。だから、参考になるような「これまでとは違う教育のかたち」を実践しているところはないだろうか？　とアンテナを立てるようになっていきました。

EDUTRIPのはじまり

大学に戻って教育を学び始める

大学1回生の後期を休学して船旅に出た私は、2005年の4月から復学し、2回目の1回生をやることになりました。たまたま、基礎ゼミを受け持ってくれた先生が、教育社会学者である秋葉昌樹さんでした。

教育社会学は非常におもしろく、特に同和教育、人権教育について学ぶことは、私の学校時代の経験（学校で行われていた実践）を意味づけてくれるという意味で、非常に刺激的で知的に興奮することでした。「あれはそういう意味があったのか」とか、「意味はわかるがそうは機能してなかったぞ」とか、「あれは形骸化してたな」など理論と経験がバシバシ結びついていきました。

ある日、きっかけは忘れてしまいましたが、「武田さんはこの本を読んでみたらいいと思うよ」と秋葉さんに渡されたのが、パウロ・フレイレの『被抑圧者の教育学』（亜紀書房）でした。本を開いてみると確かに私にドンピシャ。共感と納得の嵐が吹き荒れ、感動と衝撃に、わなわな震えながら読んだのを覚えています。

フレイレは、ブラジルの貧しい農民の人々と共に、成人識字教育を実践した教育者・教育思想家として知られる人物です。

伝統的な教育においては、〝正しい価値観〟や〝正当な知識〟を教師（権力者）が決めます。生徒（被抑圧者）には選択する権利がなく、教師はただ空っぽの器にコインを入れていくように知を伝達する。生徒は与えられたコインを無批判に受け入れ、与えられた環境（抑圧状況）

に順応してしまいます。自分は適応するしかなく（もしくは適応もできない不出来な人間だと思わされ）、置かれている抑圧状況を読み解く術もなく、社会を自ら変えられるとは露ほども思わなくなる。

これでは、権力者にとって都合のいい人間が量産されることになります。フレイレはこのような教育を銀行型教育（Banking Education）と呼んで強く批判しました。またこのような教育の現場においては、生徒の側のみならず、〝よかれと思って〟預金行為を行う教師の側も「非人間化」されている、と言います。

そうではない営みとして、フレイレが提唱・実践したのが「課題提起型教育」。自分たちの置かれている暮らしや労働などの状況に、絵や写真を見るなどしながら向き合い、同じ立場の人々や教師との対話を通して、自分と世界を共に省察していく――。そのことを通じて、運命のように感じられていた自らが置かれている抑圧状況は「問題」として認識され、学習者は変革の主体として理不尽な現実に挑んでいける、そういうことが書かれていました。

フレイレは、人間を解放する営みとして教育、そして社会変革運動を語っていました。調べると、どうやらフレイレの「解放の教育学」には、私が受けてきた大阪の同和教育も、部落解放運動も、一定の影響を受けてきたようです。ですが、私の実感として、解放の営みを目指しているはずが、抑圧のシステムをなぞってしまっているのではないかと思えるような点もたくさんありました。そのためこの本を読んだことで、それまで心に抱えていたモヤモヤが晴れ、この先目指したいものが展望できたような気持ちになったのでした。
ちなみに、フレイレの思想に大きく影響を受けたとされる、ユネスコの「学習権宣言」の文言も素晴らしく、私は自分のワークスペースに、額に入れて飾っています。

学習権とは、
読み書きの権利であり、
問い続け、深く考える権利であり、
想像し、創造する権利であり、
自分自身の世界を読み取り、歴史をつづる権利であり、
あらゆる教育の手だてを得る権利であり、
個人的・集団的力量を発達させる権利である。

フレイレの本を紹介してくれた秋葉さんを介して、雫穿《てきせん》大学の朝倉景樹さんとつながりまし

た。その辺りから、日本のフリースクール運動のことや、私のイメージしているような学び場をつくろうとしている人がすでにいて、実践があるのだということを知るようになっていきました。海外のデモクラティック教育[*]にも詳しい朝倉さんとつながれたことは大きなことでした。

また、この頃はまだまだインターネット上の情報も少なかったものの、なんとか情報を集めて、日本の、特に関西のいくつかのおもしろそうな学校にたどり着きました。同時に、当時ちょうど社会的起業の隆盛期であり、大阪ではＪＡＥ、愛知ではアスクネット、東京ではカタリバなどの教育ＮＰＯが動き出していたので、それらの活動にもとても関心が湧き、情報を追いかけていたのを覚えています。

りんりんとの出会い

今のＥＤＵＴＲＩＰにつながる、多様な教育現場を訪ねる活動をはじめたきっかけは、ある

＊デモクラティック教育：自分と相手を尊重し社会をつくり合っていく学び。学習者が、いつ、何を、どこで、誰と、どのように学ぶかを決めることができ、学校運営や必要なルールなどの意思決定に参画できるような、民間のフリースクール（自由学校）等やホームエデュケーションの教育を指します。ＩＤＥＮ（International Democratic Education Network）という国際的なネットワークがあり、大会も行われています。

友人との出会いです。いろいろ情報を得るようになり「見てみたい現場」が増えていた私は、当時流行《はや》っていたSNS・mixi《ミクシィ》（懐かしい……）の教育系のコミュニティ（共通の興味関心やテーマを持つ人たちが集う掲示板のようなもの）で、興味のある学校や教育現場の名前とホームページのURLとともに、「こんないろんな教育現場があることに興味があります！一緒に行ってみたい方、いませんか？」と投稿をしました。

すると、ダイレクトメッセージが届きました。「私も同じように、様々な教育現場をめぐって、教育についていろんな人と考えるような活動をしたいと思っていました。同じようなことを考えている人がいることを知って、思わずメッセージしました！」とありました。何度かやりとりをして、直接なんばで会い、お茶をしました。

彼女は神野有希と言って、私はりんりんと呼んでいました。私よりも2つ年下で、和歌山にある私学・きのくに子どもの村学園の卒業生です。

実は、きのくにも私がmixiのコミュニティに書き込んだときに「訪問したいリスト」に入れていた学校の一つ。プロジェクトという、縦割りグループで活動する、総合学習の時間が時間割の約半分を占め、校則はなく、必要なルールや学校生活上の困りごとは、全校ミーティングやプロジェクトミーティング、寮ミーティングなどで話し合われ、そうやって自治的に学校が運営されているところです（詳しくは2章を参照）。

「普通の学校」で感じた違和感

小学校4年生から、寮で暮らしながらこの学校に通った彼女は、将来学校の先生になりたいという夢を持ち、そして「きのくにはちょっと変わった学校だから、生徒として普通の学校も経験してみたい」と考え、地元愛媛の公立高校に進学するのですが、そこで「異世界に来たのかと思った」というような、大きなカルチャーショックを受けたのだそうです。

当時のりんりんの〝あたりまえ〟は、「学ぶことはおもしろくて喜びにあふれているもの」「ルールは私たちみんなが過ごしやすくなるためのもの」「自分は自分。自分の気持ちや考えで動くのが普通」というようなものでした。ちなみにきのくに時代のりんりんは、ビジュアル系バンドに憧れて、一時、髪の毛がピンク色だったそうです。

しかし高校では、スカート丈は膝下○㎝、髪はもちろん黒くないとダメで、女子は肩にかかったら結ばなければいけない、喫茶店に生徒だけで行ってはいけない（おそらく喫茶店が不良の溜まり場というイメージだった時代の名残）というような〝よくわからないルール〟がたくさんありました。しかもそのルールは、基本的には破られ、先生に見つかりそうな時だけ直す、というようなかたちで、意味はないけど、守っているふうにしておけばいいものになっていました。

体育館にスカートチェックをするところ、髪型チェックをするところ、爪のチェックをするところ……というようにいくつも〝関所〟が設けられ、そこを生徒が列になって歩いて、クリアしたら教室に戻れるという取り組みがあったときは、「ベルトコンベアに乗せられた製品になったような気分だった」と言います。そして体育館を出ると、みんなスカート丈をまた短く戻すのだそうです。

他にも、クラスメイトがみんな勉強が嫌いで、授業がつまらなさそうにしていたことにも衝撃を受けたと言います。「みんな、義務教育じゃないから好きで高校に来たはずなのに、授業中に寝ていたりして驚いた。授業は先生が板書しながらしゃべるスタイルで確かにきのくにとは違ったけど、ちゃんと聞いていたら内容はおもしろいと私は思ってたんだけど」と。あとは、「女子がみんなでトイレに行く」のもとても違和感があったと言います。

制服や髪型などの見た目を揃えられることも、出席番号が自分についていることも嫌で、その頃は、囚人服を着せられて「〇年〇組〇番、神野有希!!」と呼ばれ、同じ服の人たちと行進させられている夢をよく見たそうです。

教育に関わる人への思い

大きなギャップに苦しみながら、時に先生に違和感をぶつけながら、高校生活を過ごしたりんりんは、でも3年生になる頃にはかなり適応している自分がいたと言います。「ある時ふと気がつくと、自分も授業で寝るようになり、校則を適当に守り、適当に破るようになっていて、そのことがとても怖かった」と話してくれました。

教育は、子どもに、人間に、本当に大きな影響を与える。だから、とても大切であると同時に、とても恐ろしい営みなのではないか。だからこそ、教育に関わる人はその自覚を持つ必要があるし、自分の知っている方法を絶対視したり、当たり前だと信じ込まない方がいい。そう思ったのだそうです。

そうやって教育大学に進学した彼女は、しかし周囲の教員志望の学生が、「自分の知っている学校教育」だけを根拠に、「授業ってこういうもの」「先生ってこういうもの」「学校ってこういうもの」という前提のもと、先生になるための勉強をしていることにモヤモヤし、いろんな教育を知ってほしいと思っていたのです。

そんなりんりんと私が出会い、そこから、学生を中心に、周囲の人を巻き込みながら、多種多様な学校や教育現場を訪問する取り組みを始めたのが、今のＥＤＵＴＲＩＰにつながっています。

2章

日本の中の、多様な学校

大学3回生の私と、1回生のりんりんが出会い、周囲の、主に教員志望の友人たちやmix iを介してつながった学生仲間と一緒に、多様な学びや育ちの場を訪ねて回るようになったのは、2007年からです。

私は、ピースボートの地球一周の船旅に参加し濃密な学びを得た経験から、りんりんは自分が中学まで受けてきた教育と地元の公立高校で受けた教育のギャップに苦しんだ経験から、「〝これが当たり前〟だとみんなが思っているものを見直し、根本から教育について考えられる場」をつくるのだ、と燃えていました。多様な教育現場をめぐる取り組みは、その2人の「問題意識の表現」として生まれたものです。

きのくに子どもの村学園（和歌山）

一番最初に訪れたのは、りんりんの母校であるきのくに子どもの村学園でした。世界最古のフリースクールと言われるイギリスのサマーヒルスクールをつくったのは、A・S・ニイル。そのニイルの思想について研究をされてきた堀真一郎さんが中心になって設立されたのがこの学校です。

南海高野線の橋本駅からは、スクールバスに乗せていただき、「ここをバスが通るの!?」というような細い山道をしばらく登っていきます。バスを降りると、山の上におそらく子どもたちがつくったのであろう、学園名が入った道案内の看板が。それに沿って進んでいくと、白い壁のかわいい校舎が見えてきました。

学校生活の真ん中にある「体験学習」

最初に目に飛び込んできたのは、グラウンドを取り囲む山肌の斜面に建てられたログハウス調のアスレチック小屋と、その壁面にくっついている空中に迫り出した手づくりブランコを思いっきり漕いでいる高学年ぐらいの子。かなりの高さです。うわあ、これは怖い。落ちたらけっこうなケガになりそう……。「めっちゃ高いけど、怖くないのー?」と思わず声をかけてみると、「ぜんぜん!」漕ぐ足にさらに力が入るその子。あとでわかったことですが、このアスレチック小屋も、「プロジェクト」の活動の中でつくられたものでした。

午前の授業が始まると、子どもたちは校舎のいろいろな場所で、いろいろな活動を始めていました。1章で述べたように、ここでは、時間割の約半分が「プロジェクト」と言われる体験学習の時間です。年度の初めに子どもたちは、テーマによって自分が入りたいプロジェクトを選び、それがその1年間所属するクラスのようなものになります。小学生は1~6年生まで、中学生は1~3年生までの異年齢編成。例えば、畑で野菜を育てて料理をするプロジェクト、ミュージカルをするプロジェクト、羊を育てて羊毛で服や物づくりをするプロジェクト、木から建物をつくるプロジェクトなど。

私たちが行ったときは、グラウンドの斜面に、長〜〜い滑り台をつくるという活動をしている子たちや、校舎の屋根にペットボトル温水器を取り付けている子たち、畑作業をしている子たち、などなどがいました。他にも、料理？実験？をしている子たち、ダンスの練習をしている子たち……バラバラの場所で、それぞれの活動をしているので、パッと見て、どのプロジェクトに所属している子なのかはよくわかりません。なので、もっぱら、「みんなは何のプロジェクトなん？　今は何してるん？」と聞いて、教えてもらいます。

プロジェクトの中での学び

例えば、プロジェクトで斜面に小屋を建てようということになったとします。でも、斜面に足場を組んで家を建てようとすると、床の木材を何メートルで切り出せばよいのか、空中なので実際には測れず、よくわかりません。その時「ピタゴラスの定理」が登場。高さと斜面の距離がわかれば、床材の長さもわかる。そんなふうにスタッフの方に説明をしてもらいました。

私自身、生活や興味関心と切り離されたところで、知識だけ提供されることを、学校の授業においてはずっと経験してきて、それを当たり前だと思ってきました。けれど、ここでは「楽しくワクワクする活動」を前に進めるために、教科の知識を得る／使うことが必然化されるような状況がデザインされているのか……と、とても感動しました。

ちなみにりんりんは、中3の時に「歴史」をテーマにしたプロジェクトに所属していて、特に縄文・弥生時代の生活に焦点を当てて学んでいたそうで、卒業式の前日まで竪穴式住居をつくっていたと言います。地面に穴を掘って、柱を建て、木を組み合わせて家の骨組みをつくって、葦で屋根を葺き……。「あれは、めっちゃ頑張った〜」と言っていました。

自ら動く子どもたち

もう一つ印象に残っているのは、中学部のプロジェクトである「動植物研究所」の子たちに、彼らがつくっているビオトープを案内してもらったときのこと。彼らは、「すごくめずらしい虫がやってくるようになったんです」と、目をキラキラさせながら嬉々として案内してくれ、「改良するためには、このプロジェクトについている予算だと実は足りなくて、もっと予算をくれるように、大人たちにプレゼンをするための資料を今つくっているんです」と教えてくれました。

実際のところ、予算獲得が叶ったのかどうかはわかりません。でも、彼らの頭に「予算を増やしてもらうプレゼンをしよう」という選択肢が浮かぶことそのものに私は感激しました。それは、自分が何かアクションを起こせば反応が返ってくる、状況を変えることができる、という感覚を彼らが持っているということで、それはまさに、私自身が、どんな社会的背景の子どもたちも、そんなふうに思えるような子ども時代を過ごせたらいいのに、と思っていたことでした。

中学生の「わらじ組」というプロジェクトでは、「きのくに卒業生のその後」という冊子をまとめたとのことで、それを見せてもらいました。そもそもどんな進路を選んだのか、きのくにと進学先や就職先を比べて、ギャップを感じたことや驚いたこと、などがまとめられており、とても興味深い内容でした。それはおそらく、中学生たちが直面している、もしくはまもなく直面する課題であり、気になっていることであるはずで、切実な、真正性のあるテーマを扱っていることに、納得感を持ちました。

様々な年齢の子どもたちが役割分担をして活動している光景をよく見かけました。小学校低学年の子たちがノコギリを使う場面では、高学年の子たちが時々教えたり、手伝ったりしていました。

また、私たちの昼食は、数人の子どもたちが手づくりのカレーを用意してくれたのですが、

■子どもたちだけで木材を切る

料理から提供、お金のやり取りまで、全部子どもたちだけで対応してくれたのも印象的でした。

　プリント学習の時間も様子を見せてもらいました。プリントは手づくりで、算数のプロジェクトに関連した問題になっていました。例えば滑り台づくりのプロジェクトでは、先日やった作業に関連して、角度や長さの問題をやっていたり、畑のプロジェクトでは、春祭りで売る野菜を袋詰めにする作業に関連して、掛け算の問題が出ていたり、といった感じです。

“子ども扱い”しないミーティング

　また、きのくにでは、子どもたち同士や子どもと大人を交えた話し合いがたくさん行われます。そこで、学校生活にまつわる様々なことが決まっていきます。学校のルールや行事をどうするか、授業について、いろんなトラブルをどう解決するかも、ミーティングで検討されます。

　全校ミーティングでは、小学校1年生も、学園長の堀さんも、同じ重みの一票を持ち、議論したうえで最終的には投票が行われ、意思決定がなされます。その様子も、見学させてもらいました。

校舎の中で一番大きな部屋に、小・中学生が集まってきます。綺麗に整列したりはせず、また学年ごとに場所が決まったりもしておらず、大人も子どももみんな思い思いの場所に腰を下ろします。中学生の膝の上に座る小学生もいたりして、とてもほほえましい光景に思えました。中学生が3人前にいて、司会進行と記録を担うようでした。

この日、議題に上がっていたのは、「放課後や休み時間に電子ピアノがある部屋を自由に使えるようにしたい」という高学年の2人からの提案でした。子どもたちからは「いいんじゃない？」「複数の人が使いたかったらどうするの？」というような意見が出るなか、「職員室の隣の部屋だから、ずっとピアノの音がしてると仕事に集中できなくて困るなぁ」という意見が一人のスタッフから出たことに私は少し驚きを覚えました。子どもの意見を尊重して拾い上げていくのだろうな、と思っていたからです。

ですが、子どもの意見を持ち上げて「尊重してあげる」「通してあげる」のではなく、大人同士で尊重し合いながらも互いの意見を交わす時と同じように、子どもと大人の間でも対等なやりとりが行われているのか……と感じました。〝自治ごっこ〟ではなく、〝自治〟とはこういうことかもしれません。

学校制度の中で運営されている意味

きのくに子どもの村学園は学校法人であり、他の多くのフリースクールやオルタナティブスクールとは違って、日本の学校制度のなかで運営されている、いわゆる一条校です。「え、学習指導要領のある中で、これでOKなの？」と多くの人が思うのではないでしょうか。

きのくには、制度の中の学校として存在していることに、アイデンティティを持っているように私には思えます。制度の中に位置づいていることで、きのくにの存在自体が、公立学校や私立学校でも、やろうと思えばこれだけの自由で柔軟な教育ができるんだよ、という強烈なメッセージを発しています。現在では、全国5箇所（和歌山に加え、福井、福岡、山梨、長崎）に、学校法人きのくに子どもの村学園が設置する学校ができ、800名近い子どもたちが学べるようになっています。

制度のなかで認めさせながら、ここまで続けてきた過程ではおそらく、戦略的で慎重な判断や政治的な立ち振る舞いも必要だったでしょうし、認めざるを得ないような圧倒的な実践を生み出し続けることなど、血の滲むような努力があったことを想像します。実際に、きのくにがモデルにしているイギリスのサマーヒルスクールをはじめ、世界の自由学校は、補助を切られたり、違法学校扱いされるなどの憂き目にあっているところも少なくありません。堀さんやスタッフの皆さんが、人生をかけて、というか、人生そのものであるように育ててきた学校の存在は、開校から30年、今に至るまで、後に続く多くのオルタナティブスクールのモデルとなり、また子ども主体の学びを志向する多くの教師や教育者から注目され、公教育の可能性を押し広げてきました。

自由の森学園（埼玉）

日帰りでの、関西圏の学校や教育現場の見学などを何度か行った後、私たちは「関西以外にもいきたいね！　泊まりだと一緒に行ったメンバーとどっぷり話せて楽しそう！」と、3泊4日で、関東の教育現場をめぐるスタディツアーを計画しました。現在はEDUTRIPと銘打っていますが、当時は「体感！　教育の多様性ツアー」という名前でした。

私とりんりんの友人やｍｉｘｉで呼びかけて申し込んでくれた人など、参加者は計15名。1人が常勤講師の方で、残りは学生で多くは教員志望でした。代々木の国立オリンピック記念青少年総合センターのユースホステルを拠点に、東京・埼玉・神奈川の3都県を移動しながら、7箇所の教育現場をめぐるという、弾丸ツアーでした。初めてで加減がわからず、詰め込みすぎて、移動は電車の時間に間に合うようにたびたびダッシュ。

ちなみに、関西からの移動は夜行バスで、ツアー中は議論が盛り上がって夜通し話し合う、しかも価値観を揺さぶられるようなインプットが多い……という中身だったため、後に参加者たちから「ドSツアー」と呼ばれることに……。

初日に訪問したのが、埼玉県にある自由の森学園です。「テストがない、競争主義を廃した学校」として知られ、当時情報が少ないなかで調べても、様々な記事や資料で名前を見かける、気になる学校の一つでした。

池袋で電車を乗り換え飯能駅へ。そこからバスで、自然豊かな川沿いの道を進んでいくと、その名の通り、木々に囲まれた学校が見えてきます。正門を入り、それなりにきつい角度の坂を登ると、校舎です。電車を一本逃して大慌てで到着した私たちを事務長さんが迎えてくださり、昼食をいただきながら、まずは高校の校長（当時）の鬼沢真之さんから、学園についての説明を伺いました。

自由の森学園は、中学校と高校を合わせて、約900名（2021年度）が通っていて、寮も併設しています。1985年、明星学園小中学校の校長だった遠藤豊さんたちを中心に、設立されました。ちなみに、1985年というのは、きのくに子どもの村学園の前身である「山の家」の開設、日本のフリースクールの草分けである東京シューレの設立と同年で、私の生まれた年でもあります。1章で触れた学習権宣言が出されたのもこの年です。その時代の「新しい教育をつくりだそう」という機運の高まりを感じると同時に、こうした新しい教育の場が続々と設立された年に、自分が生まれたという不思議な偶然の意味を考えてしまいます。

■当時のツアー写真。自由の森学園にて

話を戻しましょう。自由の森学園の教育の核心は、なんといっても「子どもを競争の中に放り込むことは、他者との比較でしか自分を見ることのできない、つまり自分を見失う子どもをつくりだすこと」であるとして、点数による序列主義をはっきり否定し、競争原理を超える教育をつくるのだと、謳っている点にあります。

したがって、定期テストなどは行われず、一般的な5段階評定も、一律には配付されません。通知表に当たるものはなく、その代わりに、評価は文章による自己評価と、それに対する担当教員からの文章によるフィードバックによってなされます。高校は、普通科でありながら、教科の授業の他に100講座もの選択授業が用意されており、多様な興味関心に対応できる環境づくりが目指されています。

学習発表会のインパクト

訪れた日は、学習発表会という、1年間のまとめとして、ノートや課題、作品等の展示、トークや劇による学びの成果の発表などが行われる行事の当日でした。テスト、点数による評価をしない自由の森学園では、その代わりに学びの成果を作品・表現に結実させるということが大切にされています。ここで言う作品とは、レポートであったり、詩であったり、絵画であったり、彫刻であったり、プレゼンテーションであったりと様々です。つまり、この学習発表会は学びの成果としての、生徒たちの作品や表現に触れられる機会でした。

事務長さんの案内で見学した美術棟には、生徒たちが糸から紡いで草木染めをして手織りでつくった優しい色のストールや、丸太から掘り出した個性豊かな椅子、そして、絵がたくさん飾られていました。同じカラスの剥製を見て描かれた絵は、目だけ切り取った構図や、人間の影がカラスになっているものなど、写実的なものから独創的なものまで多様で、一枚として似たものがありません。また、自分の目を描く課題は定番であるようで、この時だけでなく、その後訪れたときにも飾られていたのですが、「他でもない自分をつくっていくこと」を大切にしている自由の森らしい課題のように私は感じます。

私たちが訪問した時間帯、体育館では、高校の生徒たちの、授業における学びの発表が行われていました。私が見ることができたのは「世界とつながる」という選択授業の発表でした。この授業では、まず「世界とつながる、ってとても広いテーマだけど、みんなは何とつながりたい？」という問いかけが教師からあり、生徒たち自身の話し合いの中で「いのちとつながる」というテーマが出てきたと言います。そして、様々な角度から、いのちについて考えてきたようです。

アフリカの少年兵のことを学んだある生徒は、いのちというテーマになった時、「またこいつらも、きれいごとばっかりの集団かよ」「世界の裏側でどんなことが起きてるかなんて、結局ここまで届く情報はほんの一部だし、実際のところはわからないのに、あーだこーだきれいごと並べて語ってるやつなんて信用できねー」と思っていたのだと言います。授業中もそういうことを言っていたら、そこから、教師や他の生徒との対話が起こっていったようでした。じゃあ遠くのことは考えなくていいのか、でも一面的な情報で善悪を判断したりできるのか、じゃあどうするんだ、と。授業を通して、彼は「世の中の真実とは何か」「自分はどのようにそれに近づいていけるのか」を考えたと言い、数学の微分の考え方を用いて、その理路を語っていました。

「真実はわからないけれど、真実に近づいていくことはできる。それをやっていくことは重要で、俺はやっていきたいと思った」というのが、その時点での彼のたどり着いた答えでした。

同じ授業で、鶏をしめて解体して食べた経験から「いのちを食べて生きること」について発表している生徒もいました。真っ赤な血が出た。内臓はあったかくて、こわかったしかわいそうだったけど、目を離してしまわないように意識してじっと見ていた。鶏肉は、焼いて少しずつ分けて、みんなで、噛み締めて食べた。食べなくてもいいのか、食べない方がいいのか。でも、食べて、食べられて、いのちはそうやってつながっている。その輪の中に自分たちもいるんだ――。そんな発表でした。

そこには、自分の関心や問題意識、または体験から出発して、自分の心と頭とからだで考え、咀嚼して、自分の言葉で表現している等身大の高校生の姿がありました。彼ら彼女らの語る言葉は、「生きた言葉」な感じがして、私は涙が出そうになりました。衝撃を受けると同時に、〝意思ある個人〟がこうやって育っていくのか、と彼らの姿に、社会が変わる芽を見ているような気持ちになり、希望を感じたのだと今振り返って思います。

私たちの活動では、現場訪問・見学の後の、振り返り、対話の時間を大切にしています。自由の森学園の訪問後は、テストがなく、見た目にかかわる校則もなく、学校行事も生徒主体で行われるという話から、「大人は子どもをどこまで管理すべきなのか？　または管理してはいけないのか？」というテーマが参加者間で浮かび上がり、侃々諤々の話し合いになりました。

この時は、移動の遅れもあって、結局2時間程度のごく短い滞在になってしまい、先生に「それじゃわからないと思うよ」と言われてしまった反省もあり、私は翌年、2週間、寮に泊まらせていただきながら、フィールドワークをさせてもらいました。その後もたびたび、行事の際にお邪魔したりしているなかで、見聞きしたり感じたりしてきたことも含めて、書き加えておきたいと思います。

対話を通して「読み」を深める

2週間の滞在中に見た授業のなかで、一番記憶に鮮明なのは、高校の選択科目である「批評」でした。選択授業の手引きにはこのようにあります。

自分を取り巻く世界に対する「違和感」や「共感」を原点にし、なぜ自分がそう感じるのか、深く考えてみる。これが、批評の出発点です。物事のあり方に対して、あるいは自分自身の言動に対して、ふと「おかしいぞ」「これはいいな」と感じる……そこから出発して、望ましい「在り方」を発見していく……そこに批評のおもしろさがあります。「自由」「コミュニケーション」をめぐる問題など、現代社会を対象にした小説や評論をみんなで読み深め合うことから始めて、自分自身が「批評の言葉」を持てるようになることを目標とします。

教師は、日本語科（自由の森では国語ではなく、日本語と言います）の齋藤知也さん。自分の観（ものの見かた）をつくっていくということを大事にしている自由の森学園らしく、同じ物語をみんなで読み、他者の視点や解釈に刺激を得ながら、自分自身の解釈をつくっていく、そんな授業でした。この日は、『象の消滅』という、村上春樹の短編小説を読んでいるようでした。私も生徒に配付されているプリント（小説のコピー）をもらい、空いている席に座って、1時間見学させてもらいました。ごく簡単に説明すると、小説のあらすじはこんな感じです。

ある町で、動物園の閉鎖によって引き取り手がなくなった象が、小学校の体育館を改築して飼われていた。動物園時代からその象の飼育係をしてきた老人が引き続き世話をしていた。ある日、象と飼育係がこつ然と消えてしまう。脱走した形跡はなく、まさに消滅したとしか言えない状況。主人公は、事件の前から象が好きでよく観察しており、消滅した日の前夜も、象と飼育係を見ていたが、その時、彼の目には象と飼育係の大きさのバランスがいつもと違うように、象が小さく縮んでいるように見えた。象と飼育係はなぜ消えたのか――。

授業においては、齋藤さんはごく少ない発言しかしませんでした。生徒は、考えたこと、気づいたことを出していきます。沈黙の時間が非常に長く、おそらく50分授業のうち半分ぐらいはみんな黙って考えている、静かな時間でした。

＊

「〝便宜的な世界〟とか、〝便宜的〟っていう言葉がたくさん出てくるね」

「これどういう意味なんだろう」

「あ、あと、〝統一性〟[*]っていうのもよく出てきてない？」

「〝便宜的〟は、〝その場の都合がよいようにとりあえず物事を処理するさま〟らしいよ」

「あんまりピンとこないな……」

「主人公が『どんな素晴らしいデザインのものも、まわりとのバランスが悪ければ死んでしまいます。色の統一、デザインの統一、機能の統一――それが今のキッチンに最も必要なことなんです』って言ってるけど、これ、象が消える直前に大きさのバランスが崩れてたってことと関係してるんじゃないかな」

――沈黙――

「この小説、固有名詞がない」

「え？」

「主人公も名前がわからないし、彼女も、誰も名前が出てこない」

「あ、ほんとだ」

「全部、代名詞か、〇〇会社の部長さんとか、役割名？だ」

＊（編集部注）当時の状況をもとに『大辞泉』（小学館）から引用。

「わ、すごい。確かに！」

――沈黙――


「あ、待って、名前あったよ。ほら、○○ページ。飼育係の」

「あれ、ほんとだ」

「いや、待って、でもこれ新聞記事の中で報道？されてる箇所だから、個人名ではあるけど、ちょっと違うんじゃないの？」

「生身の人間が名前で呼ばれてるわけじゃないとか、そういうこと？」

「そうそう！」

「うーん、なるほど、そうかも」


――沈黙――

「なんというか、ええと、便宜的な世界っていうのは、とりあえずその場をしのげたらいいっていう、まわりと統一感があるのが大事で、人間にしても、別にその人がその人じゃなくてもいいみたいな……」

「その役割をやってくれる人だったら誰でもいいってこと？」

「そう、むしろまわりと統一？してる方が大事、みたいな……ことじゃない？」

「その人がその人じゃなくていいから、名前が出てこないのかな」

「代名詞だから、入れ替え可能……？」

「ああ、だから名前がいらないってことか！　便宜的な世界では、名前はいらない。その人がその人じゃなくていい」

「あ……！　象と飼育係は仲睦まじかったんだよね。それってつまり、お互いがお互いじゃないといけないような、関係だったってことじゃないかな。お互いを名前で呼び合うような」

「わ、きっとそうだ。でも、それってこの便宜的な世界の中では、不必要っていう」

「バランスが崩れた」

「だから消えたってことじゃないかな」

「うわ……」

＊

10年近く前のことを、思い起こしながら書いているので、発言の内容は正確ではありません。ですが、このようなやりとりが、ほとんど生徒だけの間で交わされていきました。齋藤さんは、時折、言いたいことがうまく言葉にならずに困っている生徒に「あなたが言いたいのはこういう感じ?」と助け舟を出したり、複数の生徒のやりとりを「今の話は、~っていうことですよね」と他の生徒にも理解できるように噛み砕いたり、そういうことはするものの、ほとんどの時間は生徒の話を黙って聞いていました。

小説を味わい、抽象的なメッセージを解釈するというようなことに馴染んでこなかった私は、まず「文学ってこんなにおもしろいのか! 村上春樹すごい!」と感動し、また高校生が自分たちでこれだけ読みを深め、込められている意味を発見できるものなのかと、興奮しました。

自分の「好き」を大事にできる

中3の「森の時間(総合的な学習の時間)」は4つのコースに分かれていました。そのうちの一つは生徒が出した企画で、授業中も企画を出した生徒が進行していて、教室には先生がいなくて驚きました。「壁画を描こう(岡本太郎の『明日の神話』を模写しようというのが当初案)」コースでは、「なぜこのコースを選んだか」を話しているときに「岡本太郎の絵が好きだから」とか「岡本太郎なら『森の掟』の方がいいと思う」「それなら、描く壁がけっこう横に長いし、若冲《じゃくちゅう》の絵が描きたい」というような意見がポンポン出ていました。

自由の森の生徒を見ていて感じることの一つは、自分が何が好きかをよく知っているのだなぁということです。部活動もスポーツ系のクラブはもちろん、中国舞踊や郷土芸能、骨部（なんと骨格標本をつくる部活があるのです……）など多岐に渡り、生徒は各々やりたいことを楽しんでいます。

また、一人でいても平気な子が多い、というか一人でいられる空気感があります。「あいつ、ぼっちじゃん」というような、一人でいることへのネガティブな眼差しがないからか、ランチタイムも休み時間も、一人でいる生徒をけっこう見かけます。必ずしも対人関係が苦手だから……という感じではなく、昨日一人だった子が今日は友達と一緒にご飯を食べている、という様子もよく見かけました。

放課後も、校内をうろうろしていると、ガラスに映る自分を見ながら真剣に踊っている子や、本を読んでいる子など、思い思いに過ごす子たちの姿がありました。教室のベランダで、ディジュリドゥ（オーストラリアのアボリジニの楽器で不思議な音色がなります）を吹いている子を見たときは、意外な光景すぎてちょっと笑ってしまいました。

私が2週間滞在していた時期に教育実習に来ていた卒業生の話によると、自由の森には、「僕にしかできないことって何だろう」とか「私らしいって何だろう」というようなことを一人でじっくり考えている子が多いということでした。これは、私が、ピースボートの上で「私は何者か」という問いに向き合っていたこととも重なります。一人一人が自分の心に素直に好きなことをしていて、その人らしさや個性を発揮している空間においては、おそらく自然に「自分を問い、自分をつくること」が促されるのではないかと思います。

一人一人の自己表現としての合唱

最後に、自由の森の教育の中でも存在感があるのが、「合唱」です。自由の森の合唱は、ちょっとよそとは違っていて、NHK全国学校音楽コンクールの番組で見るような、美しいハーモニー、という感じではありません。一人一人の自己表現が、塊になって聞く人に迫ってくる、という感じです。パワフルで、みんなとても気持ちよさそうに、のびやかに、感情表現豊かに歌っています。ピアノを弾く先生も、体を大きく揺さぶり足を踏み鳴らしながら、生徒と一緒に「表現」していたのは、とてもインパクトがありました。

行事では、自分のクラスの番になったからといって、また全校生徒で歌うプログラムだからといって、前に出てきて歌うことは強制されません。というか、授業に出ることも含めて、「首根っこを捕まえて引きずってくるなんてこと、できないでしょう」と生徒に何かを強制することはできない、と考えられているのだと思います。

でもそれは、「出なくてもいいよ」というわけではなく、「授業出ようよ、伝えたいことや一緒に考えたいことがあってやってるんだよ」「一緒に歌いたいから前に出ようよ」というメッセージは、先生やクラスメイトから発せられています。そんなわけで、いろんな人間関係上のやりとりや、一人一人の内的な葛藤や逡巡を経て、前に出ようと思った子たちが前に出て、歌っているのです。

自由の森には校歌がなく、でも開校からずっと歌い継がれている曲がいくつかあります。その代表格が『ケ・サラ』。他にも、『マイウェイ』『生きる』『民衆の歌が聞こえるか』など。私は自由の森の生徒たちが歌う、これらの歌がとても好きです。

※自由の森の合唱に興味が湧いた方は、YouTubeで「自由の森　合唱」と検索してみてください。映像がたくさんあがっています。

ＴＤＵ・雫穿《てきせん》大学（東京）

さて、「体感！　教育の多様性ツアー」の話に戻しましょう。3泊4日の中で訪れた先で、もう一つ参加者に強いインパクトを残したのが、現在のＴＤＵ・雫穿大学。当時はまだ前身の頃でしたが、オルタナティブ大学として無二の存在感を放っていました。前述したように、大学時代の恩師である秋葉さんを介してスタッフの朝倉さんとのつながりができ、この時も訪問させてもらえることになりました。

自分から出発する学びの場

当時、ＴＤＵのキャンパスは新宿区の住宅街の中にありました。建物に入ると、スタッフである朝倉さんが、ＴＤＵの学びについて説明してくれました。

TDUは、Tekisen Democratic Universityの頭文字をとったもの。「自分の学びたいこと・表現したいことを自分のスタイルで探求していく」という構想のもと、1990年に設立されました。教育、語学、人文社会学、表現などの領域の各種講座や、複数人で主として表現を創りあげる集団創作のグループプロジェクト、小説を書いたり絵を描いたり生物観察をしたりするというような個人の探究・探求的な学びも、専門家の助言やスタッフの伴走を得ながら進めることができます。アドバイザーには、その道のプロがずらり。社会学者の上野千鶴子さん、劇作家の平田オリザさん、スクールソーシャルワークの第一人者の山下英三郎さん、哲学者の最首悟さんなど、かなり豪華な顔ぶれが並んでいます。

そして、なんと言っても特徴的なのが「生き方創造コース」の存在です。ホームページでは、こう説明されています。

社会の主流の生き方に合わせるのでなく、自分に合った生き方をしようとする時、自分で自分が望む生き方がわからなくては大変です。この講座では、「どのようにお金と付き合いたいのか」「家族とはどのように付き合いたいのか」「社会にどのようにつながって行きたいのか」「どのように時間を使いたいのか」「どのように働きたいのか」「人とどのようなコミュニケーションを持っていきたいのか」「どのようにジェンダーを捉え生きていきたいのか」という7つの軸を中心に、それぞれが自分の価値観を築いていく講座です。学生のプレゼンテーションとディスカッションを中心に進めています。

ＴＤＵは、不登校の子どもたちを受けとめてきたフリースクールから派生して生まれた学び場で、全員ではありませんが、ＴＤＵに所属して学んでいる学生の多くは、不登校やひきこもりを経験しています。

学校や職場に適応できずに「みんな〝普通〟にやっていることができない自分はダメだ」と自己否定感を抱いてきた人や、人間関係の中で傷ついてきた人、大多数の人が歩んでいる人生のレールから外れてしまったのではないかという恐怖を感じてきた人も少なくありません。

このコースには、過去の経験の中で内在化しているコンプレックスやつらさを見つめ、生きづらさを解体していく「自分研究」という取り組みがあります。これがＴＤＵの根幹を成していると言っても過言ではないでしょう。自分を縛っている価値観と、それがどこからきたのか、過去の経験を正面から見つめ、コミュニティの中で語り、聞かれ、受けとめられるプロセスを通して、自分自身を解放していくものです。自分がどのように社会の影響を受けて生きてきたのか、それが今抱える困難にどうつながっているのかを自覚していく営みであるという点では、フレイレの言う、「意識化」にも通じる営みであると私は思っています。

これまでの、ＴＤＵの自分研究は、これまでに17冊発行されている「紀要」で読むことができます。過去の紀要からテーマをいくつかあげてみるとこんな感じです。

・僕は、いかにして〈人間未満〉意識を形成したのか—俳優養成所時代を軸に—
・どうすればありたいように人を好きであれるのか——他者への怯えへの正体を探る
・被害者意識から来る攻撃性——正義の自滅編
・私は、両親の長男への特別扱いにどのように納得がいかないのか
・家族関係における自分である事の困難さの解明—〈自分にとって重要な決断を自分で下せない〉という事例から—
・職場における年上の男性への恐怖心はどこからきたのか

そんなふうに自分を見つめ、生きづらさを自分の肩から下ろしていくなかで、これからの生き方を考えていきます。ＴＤＵには、興味関心のあることに気軽に手を出してみることができ

る環境があります。ちょっとやってみて、あまり合わなければ離れる。ハマったら、専門家の手を借りてどんどん深めたり、腕を磨いていく、というふうに。

例えば、映像やデザインの技術が高くなってきた学生は、それを生かしてお金を得る体験をすることも。パイロットプロジェクトと言いますが、これはつまり「自分にとってつらくない働き方」の探究でもあります。パイロットプロジェクトからの収入で学費や生活費を賄う学生もいます。TDUの学びの中での出会いから、就職先を見つける人や、パイロットプロジェクトが発展して、フリーランスとして、また仲間と共に会社をつくって起業する人もいます。

TDUは、若者たちに対して、そのようなつらく苦しい「社会適応」ではない「生き方創造」「自分なりに社会とつながって生きていくこと」のサポートをしている場でもあります。

「不登校」を通して学校が見える

説明を聞いた後は、TDUの学生さんたちと対話する機会を持つことができました。前述のように学生の多くは、不登校やひきこもりを経験しています。このツアーの参加者は、ほとんどが「教員志望の学生」だったので、学校システムに合わせられないことによって否定されてきた同世代〜少し上ぐらいの年齢の当事者の、学校や教師のあり方への問題提起・批判を聞くことは、かなり刺激的なものだったと思います。

たった10年ちょっと前の話ですが、当時は、フリースクールなどの場の社会的認知も今よりかなり低い状況でしたし、不登校に対してのネガティブイメージもより強い時代でした。その中で、普通に「教員志望の学生」をしていれば、不登校の子どもたちを「いかに学校に戻すことができるか」を考える思考になるのが自然でした。ですが、「同級生からいじめを受け、先生もそこに加担した」「学校で流れる時間のペースが早くて自分はどうしても追いつかず、だんだん自分はダメな人間だと感じるようになっていった」「学校に行かなくなったことで、親との関係もしんどくなった」「親や親戚や近所……学校を絶対視する世の中から、ネガティブな眼差しを浴びるなかで、自己否定が強まっていった」——そんな経験を聞く中で、これまでの価値観が揺らいでいく参加者も少なくありませんでした。

意見交換するなかで、朝倉さんがおっしゃった「学校に何がなんでも行くことが、必ずしも〝子どもの最善の利益〟とは限らない」という言葉は、今でこそ、私の中で「当たり前」の感覚になっていますが、当時は「そうか！　子どもにとって何が最善かを基準に考えたらいいんだ！」と強く納得した記憶があります。同じ点でハッとしたという感想は、参加者からも聞かれました。学校は権威を持っている場所であり、そこで行われていることは「正しい」、そこから逸脱することは「間違ったこと」とされてしまいがちです。その暴力性に向き合わされた時間だったと思います。


ちなみに、この時TDUの学生さんの一人がパイプ椅子に体育座りで私たちと話していたのですが、振り返りの際にそのことが話題にのぼりました。

参加者の一人が「あれってどうなの？　見学者が来てる時にあの態度は、やっぱり社会で通用しないいんじゃないかと思う」という意見を出し、それをきっかけに私たちの議論が大いに盛りあがり（紛糾し）ました。


「え、あんなに切実な話をいっぱい聞かせてもらって、気になるのがそこなの？　大事なのってそこじゃないんじゃない？」

「社会に通用するってよくいう言葉だけど、そこで想定されてる社会っていったい何なんだろう」

「僕は、ああいう場で体育座りはできひんと思う。したいなと思っても人目が気になるから我慢する。そういう練習を、学校でしてきたのかもなぁ」

「でも、せっかく話の中身はすごく大事なのに、本人が損するのは事実じゃない？」
「いやでもこの話って、話してくれた中身とも関連してるよ。誰のためなのかわからない〝常識〟みたいなものにめっちゃ影響力があって、私たちも縛られてるんやと思う」

　不登校の子どもたちの声（というよりも存在そのもの）は、既存の学校教育の問題を白日のもとにさらし、世の中に問いかけてきました。また、ひきこもりの存在は、日本社会の抱える問題を提起していると受けとめることもできると思います。不登校が問題、ひきこもりが問題、と言われますが、問題を個人の責任に帰す「個人モデル／医学モデル」ではなく、これだけの数の不登校やひきこもりが生み出される学校や社会のあり方を問う「社会モデル」で考える必要があると思っています。日本におけるフリースクール運動は、安心して生きる権利、学びにアクセスする権利を希求し、生きていくうえでの尊厳を奪われ、傷つけられてきた不登校の子どもたちに居場所と希望を生み出してきました。ＴＤＵはその系譜の中で、生きづらさを抱える若者たちが自分を真ん中に置いて社会を相対化し、生き方を創造していく現場として他にはないユニークな存在です。不登校を経験せずとも、こういう場を求めている若者は日本中にたくさんいるように思えてなりません。

＊　＊　＊

このツアーでは、他にも、総合学習のプログラムを提供している民間企業や、モンテッソーリ教育を実践している保育園、児童館などと協働して演劇的手法を用いた子ども向けプログラムを展開している学生団体などを訪れました。私が大きな影響を受けた国際ＮＧＯピースボートにも訪問し、船旅における学びをプレゼンテーションしていただきました。

最終日には、当時リクルート出身の藤原和博さんが義務教育初の民間人校長を務め、学校で教える知識と実際の世の中との懸け橋になる授業「よのなか科」、土曜日に補習授業を行う「ドテラ（土曜寺子屋）」、民間の学習塾と提携した「夜スペ（夜スペシャル）」、地域の人材を活用して学校を支援する「地域本部」など様々な学校改革を進めていることで注目されていた、杉並区立和田中学校を訪問しました。

「ここが、先生になって学校で生かせそうなことが一番得られるかと思ったけど、そうとも限らなかった。仕組みを変えるって、大事だけど大変なことだ。でも中堅ぐらいになったら学校の取り組みを動かせるようになれたらな」という感想が聞こえ、「これまで普通だと思ってた、起立・礼とか、チャイムとかが、なんだか新鮮に感じるね……」とつぶやいた参加者もいました。

最後の晩は、mixiなどでつながっていた東京の教育に関心のある学生たち15人ほどに呼びかけ、関西×関東の交流飲み会をしました。参加者たちは、この4日間、自分たちが見聞きしたこと、感じてきたことを初対面の、でも同じ教育というテーマに関心のある同世代にたくさん説明し、この会はものすごく盛り上がりました。私とりんりんは、参加者からサプライズで「ありがとう」のメッセージが詰まった色紙をもらいました。中には旅の感想を話しながら涙ぐむ参加者も。関東の学生さんからは、「参加者同士もほぼ初対面だったんでしょ？　たった4日でこんなに仲良くなってて、すごいね」と言われました。

でも、それもそのはずでした。怒涛の訪問スケジュールで、価値観や感情が揺れるようなインプットが多く、今思えば疲れの溜まる4日間だったと思うのですが、電車移動中も、夜宿泊先に戻ってからも、参加者たちはずうっと、旅で見聞きしてきたことや、自分の思いや考えや経験、教育についての様々な問いを、ノンストップで、人によっては明け方近くまで、語り合っていました。私とりんりんは、翌朝起きられなかったり、訪問先でウトウトしてしまったりしないかとドキドキしていましたが、そんな心配をよそに、みんなものすごい集中力で4日間を駆け抜けたのでした。

以下は、最後の振り返りで、参加者が話したことです。

「必要な子どもたちには、学校外の選択肢も伝えられるような先生になりたい」
「これからは、仲間がいると思える」
「どんな教育にも、つくっている人の思いがある」

この学びに、価値と意義を強く感じた私たちは、その後もこの取り組みを続けていく大きなモチベーションを得ることになりました。

沖縄の多様な学校

同じ日本という国の中でも、当然ながら、地域ごとに風土や文化があり、事情も多様です。なかでも特に、歴史的にも地理的にもユニークな土地と言えるであろう沖縄には、これまでに何度もEDUTRIPで訪問してきました。ここでは、私が大好きな、3つの学校をご紹介します。

よみたん自然学校

「よみたん自然学校」は、大河ドラマ『琉球の風』の撮影ロケの跡地、琉球文化を体験できるテーマパーク「むら咲むら」の一角にあります。琉球王朝時代の建物を再現した赤瓦の木造家屋で、庭にはツリーハウスにもなっている大きなガジュマルの木が4本。ほんの少し歩けば海に出られます。海までの道沿いには、広大なサトウキビ畑。のーんびりとした空気が流れているのは、この環境のため、ということも大きいですが、それに加えて、代表の小倉さんご夫妻をはじめ、運営する大人たちが、教える・やらせることではなく、見守る・待つことを大切にしているからだと感じます。

私がこの学校を知ったのは、テレビ番組の『情熱大陸』で、代表の小倉宏樹さんが取り上げられていたのを見たのがきっかけです。子どもたちに何か「教える」ということをせずに、子どもたちの背中から目を離さずにひたすら見守り、喧嘩が起きても、悔しい・悲しい思いをした子の気持ちをしっかりと受けとめながらも、「謝りなさい」というような介入はしない。そんな大人の関わりの中で、自分の気持ちをストレートに表現する子どもたち。自然や友達との関わりの中で、いろんなことを感じ考えているその表情に、私は感動して泣いてしまいました。一緒に見ていた、長年公立保育園で保育士をしてきた母は、「これだけ尊重されて育った子は、人を尊重する子になるね」と言っていました。

自然の中で自分で決めた「したいこと」をする

初めて訪問させていただいた時には、まだ未就学の子どもたちの「幼児の学校」だけだったよみたん自然学校には、その後「小学部」ができました。自然の中での活動を大切にすると同時に、土地に根ざした文化も大切にしています。文化は、自然とつながっているものですから、当然といえば当然なのかもしれません。食事は沖縄県産の旬の野菜を中心に使い、食器は沖縄の焼き物・やちむんが使われています。土間や、かまどや石窯には、沖縄の赤土が使われ、身近にあるものが大切に活かされています。見学者には沖縄の伝統的なお菓子であるちんすこうづくりの体験プログラムが用意されています（これがまた美味しい！）。

子どもたちは、この環境のなかで、自分で決めた「したいこと」を思う存分して遊びます。1日の始まりの「朝の集まり」では、子どもたちはやりたいことを伝え合い、例えば海に行きたい子がいれば、スタッフがついていくという都合上、みんなで時間を合わせるなどします。活動時間中は、木登りをしたり、虫を探したり、ごっこ遊びをしたり、砂場で遊んだり、絵を描いたり、外遊びを中心に、思い思いに過ごします。「帰りの集まり」では、今日あったことをみんなに話し、一人一人の過ごし方や気持ちをお互いに聴き合います。

「子どもの気持ちを尊重する」ための大人の関わり

以前訪問させていただいたとき、4、5歳とおぼしき男の子がおもちゃの剣を振りかざし、ずうっと一人で「戦隊ヒーローごっこ」をしていました。それを「見ててね！」と言われたスタッフさんが笑顔で見守っていました。その後、私は別の子たちと一緒に1時間ほど海に行き、帰って来ると……その子はまだ「戦隊ヒーローごっこ」中。そしてなんと、スタッフの方も変わらずそばで見守っていたのです。「根気強すぎる……！」と正直びっくりしてしまいました。

よみたん自然学校では、そういう場面にたびたび出合います。「子どもの気持ちを尊重する」「主体性を大事にする」とはよく言われますが、ここにいると私は、そのことを「なんて軽く考えていたのだろうか」と頭を抱えてしまいます。子ども同士、気持ちがぶつかったときは、お互いの気持ちを知り、認め合うためのお手伝いを大人がしています。

これらのことは、理想としてはわかっても、「言うは易し、やるは難し」、大変なことです。

珊瑚舎《さんごしゃ》スコーレ

那覇の国際通りのほど近くのビルの中に、珊瑚舎スコーレはありました。紅型《びんがた》風のタッチで、ガジュマルの木が描かれた階段を登っていった、3階のワンフロアが学校です（現在は新校舎が建ち、南城市馬天《ばてん》の海辺の場所へ移転）。

「ここにはまだ、人を排除しないセンスが色濃く残っている。ここは地球の宝物だと思っています」。そう話す代表の星野人史さんは、埼玉の私学の校長を努めた後、「もっとみんなの距離が近い、小さな学校をつくりたい」と、その場所に沖縄を選んだのだそうです。

中等部、高等部、そして、学校に通えなかったおじい・おばあたちが通ってくる夜間中学校があり、そのいずれでも「思索」し、それを「表現」し、自分とはちがう他者と「交流」する場としての授業が、学校教育の中核として大切にされています。

沖縄の言葉である「ウチナーグチ」や沖縄の染物「紅型」、楽器「三線《さんしん》」などが学べる授業があるのも珊瑚舎スコーレの特徴。文化の恵みを受け、自分とは違う他者とつながりながら学ぶ学校です。

生徒がつくる「山がんまり」

私たちが珊瑚舎スコーレを訪問させてもらう際には、授業や「シンカ会議」というミーティングの見学に加えて、決まって生徒たちと一緒に「山がんまり」の作業に混ぜてもらっていました。がんまりというのはウチナーグチで「いたずら」という意味だそうです。歴代の生徒たちが、山を切り拓いて開墾し、少しずつつくり続けている、エコヴィレッジのような校外学習施設です。訪れたのは数回ですが、ほとんど何もなかったところから、ウッドデッキができ、エコトイレができ、ブランコができ、焚き火場ができ……行くたびに充実していく様子は感動的でした。

■「山がんまり」の作業

私たちも微力ながら、もらってきた廃材のパレットをバールで解体し再利用できる状態にする、ということを数時間延々とやったり、生徒さんに教えてもらって石垣の修繕を手伝ったりします。珊瑚舎側からすると、人手が増えて作業がはかどり、私たちとしては生徒さんやスタッフさんから自然なおしゃべりの中でいろいろ学校のことを教えてもらえるという双方win-winな訪問スタイルです（いつもそうありたいと思って調整しますが、やはり難しいこともあります）。自然の中で労働するというのは、大変だけど気持ちのいいものだなと思える時間です。

おじい・おばあが「思索」し、「表現」し、「交流」する授業

学校に戻って、夕方になると、ビルの階段をぞろぞろと、おじい・おばあたちが上がってきます。私たちは「1日ボランティア」として教室に入らせてもらい、読み書きや算数の問題でつまずいている、おじい・おばあたちの質問に答えたりします。作文の授業では、自分の生い立ちを文章にして発表し合っているところでした。


「子ども時代貧乏で、少ない食料は弟妹に先に食べさせていた」

「爆風の中を命からがら逃げて、生き延びた」

「戦争で、親が死んで孤児になって、そこからずっと働いてきた」


そんな話が、どんどん出てきます。


「わかる、私もおんなじよ」

「○○さん、本当に大変だったねえ。私なんかまだマシだったさぁ」

「いーや、あの頃はみんな大変だったさ。みんながんばってきたんだよ」

そんなふうに、お互いの作文に質問したり、コメントしたりしながら、聞き合っていました。時々先生が、「その話も書き足したらどう？」と言ったりして作文が修正されていきます。

中には、「昔のことは、あんまり思い出したくない」と言う方もいました。

夜間中学校の生徒であるおじい・おばあたちが教育を奪われたのは、沖縄戦と戦後の貧困のためです。あるおばあはこう語ったそうです。

「今までずっと誰かのために生きてきた。子どもの頃は親や弟妹のため。結婚してからは夫や子どものため。夫が先立ち、子どもが独り立ちして、これからは自分のために生きようと思い、ここに来た。勉強して、学歴がほしいなんて今さら思ってない。そうじゃなく、ここで学ぶことで私は〝新しい私〟と出会いたい」。

70歳を過ぎたおじい・おばあが、教室で首をひねりながら、それでも楽しそうに文字を練習し、算数の問題に取り組んでいる姿を見ていると、学ぶことそのものが生きる力や喜びにつながるのだと気づかされます。

私は、被差別部落出身であると1章で書きました。うちの地元にも、また他の部落にも読み書きができない高齢者が少なくありません。差別と貧困の中で、学齢期から働きに出たり、働

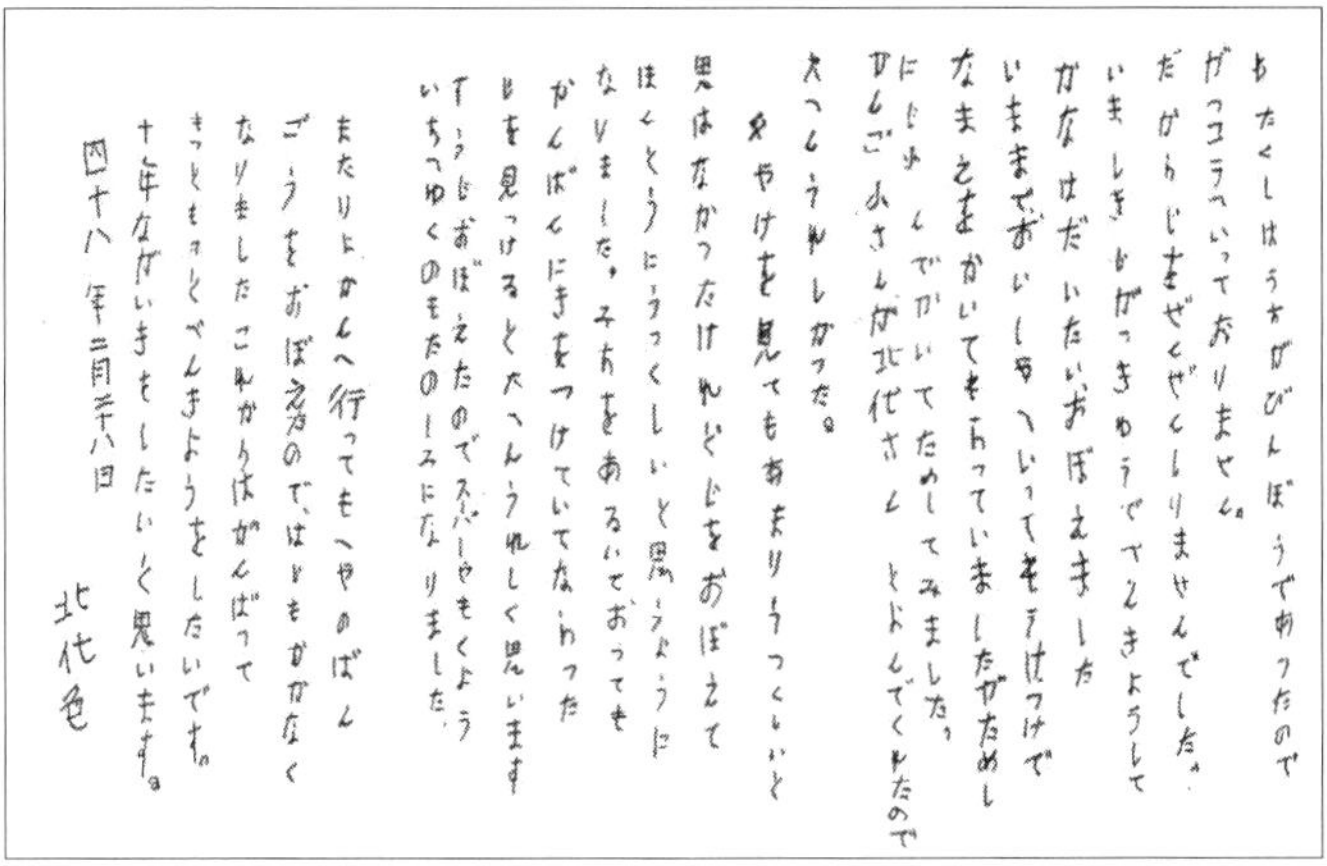
わたくしはうちがびんぼうであったので
がっこうへいっておりません。
だからじもぜんぜんしりませんでした。
いましきじがっきゅうでてきようして
かなはだいたいおぼえました
いままでおいしゃへいってもうけつけで
なまえをかいてもろっていましたがためし
にじぶんでかいてためしてみました。
かんごふさんが北代さんとよんでくれたので
たいへんうれしかった。

夕やけを見てもあまりうつくしいと
思はなかったけれどじをおぼえて
ほんとうにうつくしいと思うように
なりました。みちをあるいておっても
かんばんにきをつけていてならった
じを見つけるとたいへんうれしく思います
すうじおぼえたのでスーパーやもくよう
いちでゆくのもたのしみになりました。

またりょかんへ行ってもへやのばん
ごうをおぼえたのではじもかかなく
なりましたこれからはがんばって
きっともっとべんきょうをしたいです。
十年ながいきもしたいと思います。
四十八年二月二十八日
北代色

■「字をおぼえて、夕焼けが美しい」
（出典：全国解放教育研究会編『にんげん』明治図書出版、1970年）

く両親の代わりに弟妹の世話をするなど、学校に通えなかった人が多かったからです。

上の写真は、「字をおぼえて、夕焼けが美しい」という、差別と貧困を背景に学校へ行くことのできなかった北代色《きただいいろ》さんが友人にあてた手紙で、私が子どもの頃にも人権学習の時間に使われていた同和教育においては有名な教材です。

学ぶことは、自信と尊厳を取り戻すこと

珊瑚舎では、「自分のことば」を獲得することも大切にされています。いじめや不登校を経験した中学生が、戦中・戦後を生き抜いたおじい・おばあが、自分自身のことや日々の暮らしや社会のことを、自分のことばで紡ぎ、文章にしていきます。「学ぶことには、生活に役立て

るという実利的な側面もあるけれど、その本質は自らの意志で自らを創ること、つまり自己創造の喜びです」と星野さんは言います。「人は〝自分を創る〟生きものです。その手助けをするのが学校です」と。

北代さんの手紙にあるように、奪われていた文字を取り戻すということは、生活上の不便がなくなるということだけにとどまらず、自分に自信と尊厳を取り戻すことでもあるのではないでしょうか。学び全般にも通じることだと思います。学習権宣言が謳っているように、学ぶことは、文字をつづると同時に、自分の世界を読み取り、人生をつづり、社会をつくっていくこと。そんなふうに改めて感じます。

アメラジアンスクール・イン・オキナワ

「アメラジアン」という言葉を聞いたことがあるでしょうか。ベトナムなどのアジアの国々で派兵や基地への駐留を背景に、米軍人と現地女性の間に生まれたダブルのルーツを持つ人たちのことを指す言葉です。

よく知られているように、日本全体の安全保障に関わる問題であるにもかかわらず、沖縄には在日米軍基地の、実に70％が集中しています。その沖縄で、外国にルーツということに加え、基地への反発なども相まって、偏見や差別を受けやすい子どもたちに対し、安全で差別のない空間で公正な教育を受け、自尊感情を高める機会をつくるために立ち上げられたのが「アメラジアンスクール・イン・オキナワ／AmerAsian School in Okinawa」です。

アメラジアンスクールがあるのは、街の中央に普天間基地を抱える基地の街・宜野湾。訪れたのは、２００９年、２０１０年、２０１３年の３回。ここでは、２０１３年に訪れた際のことを中心にご紹介したいと思います（※現在とは様子や取り組みが違っているところもあります）。

レンタカーを走らせていくと、住宅街の中に、クリーム色の建物が見えました。ここが公共施設を借用しているという校舎です。子どもたちが描いたのであろう、沖縄の海と空とツリーハウスの絵の看板にはカラフルな「OKINAWA AMERASIAN SCHOOL」の文字が。４歳～15歳の子どもたちがここに通っています。

2つのルーツを持つことに誇りを持って生きる力を育てる

理事の野入直美さんが出迎えてくれ、まずは学校説明をしてくださいました。ここは１９９

8年、アメリカと沖縄両方のルーツを持つ我が子たちに、誇りを持って生きる力を育みたいという強い思いで、5人のお母さんたちが手づくりで創立した学校です。

幼稚園から中学校課程までの子どもたちが、日中に通う全日制の教育施設ですが、日本の学校教育法で定められた「学校（一条校）」ではなく、不登校の子どもたちが通うフリースクールと同様に、小・中学校課程の児童生徒は居住区の公立学校に学籍を置き、アメラジアンスクールで学んだ日数が公立学校の出席日数としてカウントされる「出席扱い」の措置で、進級・卒業をしているそうです。卒業生の多くは沖縄県内の公立高校に、一部は基地内学校や、インターナショナルスクール、アメリカの高校に進学しているということでした。

授業は日本語と英語の両方で行われ、日本・沖縄の文化もアメリカの文化も用いた教育が工夫されており、そこにはダブルであることに肯定的なアイデンティティを持てるように、2つのルーツを持つ自分を否定せずに生きられるように、という親や先生たちの思いが込められています。

教室の様子を覗いてみると、いろんな肌の色、髪の色の子どもたちがいます。授業は活気があり、わいわいと楽しそう。発言も活発で、先生と子ども、また子ども同士のコミュニケーションが多いなぁと感じました。休み時間には、中学生が幼稚園の子たちと遊んであげている姿もあり、「ああ、ここは彼らのコミュニティなのだな」という感じが強くしました。

校内見学中、自らもアメリカと日本のダブルルーツだという先生が、立ち話に付き合ってくれました。「僕らは、パッと見で、『違う』と思われ、子ども同士の関係でも、からかわれたり、いじめられたり、ジロジロ見られたりすることもある。『アメリカ人だ、英語しゃべって』とか『ハーフでうらやましい』と、勝手に決めつけられたりもする。ここには、自分と似たような同世代がたくさんいるし、みんな違うのが当たり前。自分はアメリカにもルーツがある日本人だと考える子も、両方合わせ持っていてアメリカ人でも日本人でもある、と考える子も、地球市民なのだと考える子もいる。アイデンティティは、自分で決めることが大事で僕たちが何が正解だと教えるものではない」。そんな話をしてくれました。

太平洋戦争を日米両方の視点から学ぶ

最後のQ＆Aの時間。「米軍基地があるから生まれた自分のアイデンティティを、基地への反対運動が強い沖縄で生きながら形成していくことは、やっぱり葛藤を伴うことなのでしょうか」という話の文脈で、野入さんが教えてくださった、アメラジアンスクールでの中学生クラスの子どもたちへの平和学習の実践は、特別深く記憶に残っています。真珠湾攻撃、原爆投下、沖縄戦……太平洋戦争中の日本とアメリカの戦いを主に扱う学習です。

この授業では、日米双方の視点から学ぶことを通して、戦争の実態について理解するとともに、歴史に対する批判的思考力を養うことがねらいとされていました。日米の歴史認識には食い違いがあり、実際、学習に取り組まれた日本人・アメリカ人の2人の教師にとっても、お互いがそれまで学校で習ってきたことや持っている知識などには、ギャップがあったのだそうです。真珠湾攻撃について、数行の淡々とした記述が多い日本の教科書と、数ページが割かれていて、「不意打ち」とはっきり表現されているアメリカの教科書を見比べる。原爆投下についても米国の判断の背景と、きのこ雲の下で何があったのかという日本の被害の実相を両方伝える。そのうえで、子どもたちはディスカッションをしていったのだとか。

ガマに見学に行った際には、「米兵は中に民間人がいるとわかっていて手榴弾を投げ込んだの?」といった、自身の持つ米兵のイメージとのギャップに驚きを表明する子どもたちの反応があったのだそうです。子どもたちの父親の中には元米軍人や軍属もおり、米軍や基地に親近感を持つ生徒も少なくない一方で、沖縄戦の実態や戦後置かれた基地が沖縄の人々に与えてきた影響についてはよく知らない生徒が多かったといいます。

教材の一つとしては、沖縄からのハワイ移民の2世で、幼少期を沖縄で過ごし、後に米兵として沖縄に出兵した比嘉武二郎さんの手記も取り上げられました。友達も親戚もいる故郷を攻めることになった苦渋の想いや葛藤、ウチナーグチで必死に投降を促したものの、多くのウチナーンチュがガマの中で命を絶ってしまったことの無念……それらがつづられている文章を、アメリカと日本両方にルーツを持つ、思春期の子どもたちが読んでいったのかと思うと、なんとも言えない感情が湧いてきます。

沖縄戦・太平洋戦争のことを両側の視点から学び、また両国の間で引き裂かれながら、葛藤を抱えて生き抜いてきた先人の人生を追体験しながら、戦争や平和や基地について、あるいは自分のアイデンティティについて考える機会を持ったことは、生徒さんたちにどんな意味をもたらしたのでしょうか。授業づくりそのものの難度の高さに加え、生徒の心情や保護者の反応など、多方面に配慮が必要な取り組みだったことでしょう。凄まじく、尊い実践だと私は思いました。

デモクラティックスクール（サドベリーモデルの学校）

「サドベリーモデル」や「デモクラティックスクール」と呼ばれる、アメリカのボストン郊外にあるサドベリーバレースクールという学校をモデルにした自由な学校は、世界様々なところにあります。近年少しずつ日本でも増えつつあり、これまでEDUTRIPでもたびたび訪問してきました。

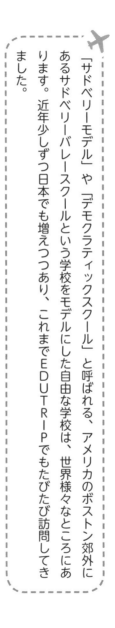

「子どもたちの自由」が徹底された学校

日本では、1997年に「デモクラティックスクールまっくろくろすけ」が開校。その次にできたのが「西宮サドベリースクール」です。いずれも兵庫県で、前者は自然いっぱいの農村部に、後者は街中に立地しています。サドベリーモデルの学校は、EDUTRIPで様々な学校を訪ねてきたなかでも、強く共感する人と、違和感を持つ人が必ず分かれる訪問先です。

ここには、カリキュラムがなく、時間割もなく、当然テストもありません。つまり、子どもたちは、好きなときに、好きなことを、好きなだけすることができます。釣りが好きな子はずっと釣りをしていていいし、野球選手になりたい子はずっと野球の練習をしていていい。ゲームが楽しい子はずっとゲームをしていてかまいません。

さらに、この学校の〝子どもたちによる学校自治〟は、徹底しています。人事や予算にまで子どもが一票を持っているのです。学校にいくらお金があって、何人のスタッフを雇うのか、誰を雇うのかの決断も、子どもたちみんなに開かれています。また、実社会と同じように、「意思決定機関であるミーティングに参加するかしないか」「権利行使をするか棄権するか」も子どもたちの自由。会議によっては、参加しない子も当然少なくありません。

■西宮サドベリースクール

モヤモヤから気づく、前提としての「学校観」

ここまで読んで、おそらく、モヤモヤと違和感を覚える方も多いのではないかと想像します。例えば、これまでのEDUTRIPにおいて、振り返りの時間に出てきた参加者のモヤモヤとしては、「最低限必要な学習内容ってあるんじゃやない？ 例えば読み書き計算とか……本当に子どもの自由に任せていてバランスよく成長できるの？」「したいことしかしないで、わがままになってしまわない？」「子どもが誰を雇うか決めるというけれど、好き嫌いだけで判断されて必要な人が選ばれなかったりしないもの？」といったものがあります。

一方で、「でもじゃあ最低限教える必要があることってどこまで？ 子どもによっても必要なことは違うんじゃない？」「ここの子どもたちは、ある意味自分の学びに自分で責任を負うってことをしてるんじゃないかな。学校の運営についてもそう。失敗を経験する自由があるとも言える気がする」そんな意見も出ます。

スタッフの方からは「必要だと感じることは、子どもは自然と学んでいきます。ゲームや漫画を楽しむにも文字は必要ですし、今まで読み書きができずに卒業した子はいません」「スタッフ選びも学校運営に誰がいないと困るか、ということは子どもたちはわかっていて、その時々の子どもたちの学び環境に本当に必要な人がちゃんと選ばれています」というような説明をしていただくこともあります。

サドベリースクールを訪れた際に、人々が感じる違和感を掘り下げていくと、私たち自身が持っている前提（学校観や学び観、子ども観）に気づけるような気が、私はするのですが、いかがでしょうか？

いわゆる日本でいうフリースクールとは違い、不登校になった子どもたちを対象にしたケア・福祉的な場ではなく、あくまで「学校である」ということをスタッフの方たちは意識しています。「大人に学びを押しつけられることなく、自分が興味のあることに没頭できる環境が、その子らしい将来を開くことにつながる」「子どもの意思や求めることを１００％信頼する」。そんな信念で運営されているデモクラティックスクールは、全国に10箇所以上に広がっています。

暮らしづくりネットワーク北芝〔大阪〕

ここまで紹介してきた学校の多くは、その教育に共感する・フィットする保護者やスタッフが集まって構成されるテーマ型のコミュニティです。一方、一般的には公立学校はそうではなく「たまたまそこに住んでいる人たち」で構成される地縁型のコミュニティ。でも、地縁型コミュニティにも、だからこその可能性はたくさんあります。ここでは、私の前職場でもある、地域密着型のNPOの活動を紹介します。

「誰もが豊かに暮らせるまち」へ

大阪の箕面《みのお》市。山の裾野に広がるベッドタウンの一角に「北芝」と呼ばれる地域があります。

私の地元と同じく被差別部落です。

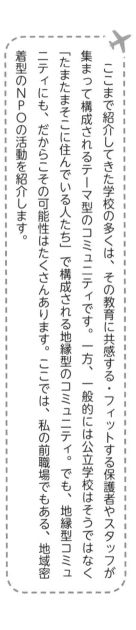

ここに根を張るＮＰＯ・暮らしづくりネットワーク北芝は、周囲から排除の対象として扱われ、貧困や学力・自己肯定感の低さなどの課題を抱えてきたこの地域で、ワクワクするような取り組みを様々に展開してきました。「誰もが安心して生き生き暮らせるまち」にするというミッションのもと、子育てサロン・駄菓子屋・こども食堂・地域通貨・就労支援・人権相談・高齢者の居場所づくり・お祭りの運営などまさに「何でも屋」として、動き回っています。

と言っても、なんでもスタッフがやってしまうのではなく、まちづくりの主体はあくまでも地域住民。住民のつぶやき（ニーズやアイデア）を拾い上げ、「それいいやん」「やろう」と力づけ、実際に一緒にかたちにしていく。そんなコーディネーター兼事務局のような役割をＮＰＯやその職員が果たしています。

地域の中に、多様な居場所を

特徴的なのは、地域の各所で行われている居場所づくりの取り組み。ＮＰＯが市の委託を受けて運営している公共施設「らいとぴあ21」のロビーや喫茶コーナー、その中の青少年会館部門である「ぴあぴあルーム」（夜間も「ＡＯＢＡ」として中高生向けに開放）、コンテナをＤＩＹした駄菓子屋「樂駄屋《らくだや》」、団地の集会所で定期的に開催される子ども食堂、子どもに限らず地域の人たちで食を囲む団らんの場「樂《らく》ごはん」、学習支援のための勉強会などなど。そのほかに小学生～青年層で構成される和太鼓チーム「鼓吹《こぶき》」や、ぴあぴあルームの活動をベースに立ち上がるサークル活動など、様々なテーマで集える場が存在し、子どもたちがそのどれかに「ひっかかる」ことで、それをセーフティネットにつなげていくことができる、というわけです。

バラバラに、縦横無尽に張られている居場所づくりの仕掛けによって、NPOの職員や地域の大人たちと子どもたちがつながる機会や一緒に過ごす時間が生まれます。そうして一緒に遊んだり、しゃべったり、ご飯を食べたりしているうちに「この子、気になるなぁ」ということが出てきます。

たとえば、駄菓子屋の店番をしていると、「この子、毎回ブタメン（カップ麺）いっぱい買って帰るなぁ」と気がつきます。「ブタメンばっかり飽きない？」と声をかけてみると「最近お母さんの調子が悪くて、晩ご飯つくられへん日は、これが晩ご飯がわりやねん」みたいな話をポロッとしてくれたり。また、5年生の男の子が、毎回お菓子を一つずつレジに持ってくるので、最初は「面倒だからいっぺんに持ってきてほしいなぁ」と思っていたけれど、あるとき「ああ、暗算ができないのを友達に知られたくないからか！」と気づく……ということも。

そんなとき、ＮＰＯとしては学校との連携があるので、情報交換をして、学校から学習支援の無料勉強会の存在を保護者に知らせてもらうなどの手を打つことができます。また、市からの委託で総合生活相談の機能も担っているので、子どもの様子を通して保護者にしんどさが見えてきたときには福祉サービスにつなぐなど、場合によっては家庭自体をサポートする道筋も探ることになります。

活性剤としての地域通貨

北芝には、これらの取り組みや居場所と、子どもたちをつなぐツールとして、「まーぶ」という地域通貨があります。これは、子どもたちが地域の中で、何かを学んだり、誰かのために働いたりしたときに稼ぐことができ、地域のお店やお祭り・イベントで使うことができるというもの。近くにある大型のショッピングモールが協力してくれていることもあり、この地域内ではお金と同じ価値を持ちます。ショッピングモールの中の広場で行われる「まーぶハローワーク」は、小さい子どもたちがモール内のお店の宣伝活動などのお仕事をして、まーぶを稼ぎ、働く体験をします。中高生は運営側として働きまーぶを稼ぎます。稼いだまーぶで何を買うかはもちろんその子次第です。

不定期に開催される「まーぶ夢コンテスト」では、まーぶをエントリー料として払い、子どもたちが自分の叶えたい夢をプレゼン。選ばれた「夢」は、地域の大人が一丸となって実現に向け伴走。これまでに「まーぶを賭けた〝逃走中〟」「小学校の校庭で気球を上げる」などの夢が叶ってきました。子どもたちが「やってみたい」「実現したい」とワクワクすることに地域の大人が巻き込まれて協力していく。そのことがまた、地域コミュニティをつくっていきます。

■「まーぶ」を稼ぐお仕事中の子どもたち

学校と地域がつながる価値

北芝は、学校とは主に人権総合学習を中心としたプログラムづくりと、個々の子どものケース対応という二点で連携しています。総合学習では、地域をフィールドに子どもたちがアイデアや知恵を出し、課題解決に取り組んだり、自己表現をしていきます。これまでに「地域を舞台にした映画づくり（ショッピングモール内の映画館で上映！）」「地域通貨を使ったイベントづくり」「地域課題に取り組むコミュニティカフェ」などなどの実践が生まれてきました。

地域の中に子どもたちの居場所はあるのかどうか。地域にある資源や情報を学校での学びや支援に活かす方法はないか。実は、学校を一歩外に出てみるとそこには、より豊かな可能性の種が転がっているのかもしれません。

北星《ほくせい》学園余市《よいち》高等学校（北海道）

地元大阪で、不登校や非行などを経験したり、今現在その渦中にある子どもたちを支える場の必要性を訴えるシンポジウムに参加した際に出会ったのが、北星余市高校でした。「人は人の中でこそ回復できるし、育っていく」。そう語る先生の言葉に現地に行ってみたいと感じ、実現した訪問でした。

ぶどう畑が広がる海沿いの街、北海道・余市町。ワインとウイスキーで有名なこの町にある、知る人ぞ知る私立高校が、北星学園余市高等学校（通称・北星余市高校）です。ドラマにもなった『ヤンキー母校に帰る』のモデルになった学校といえば、ピンとくる方もいらっしゃるかもしれません。少子化により生徒数が減り、廃校を迫られる学校が全国的に増えていた80年代、

「進学」や「スポーツ」や「管理」を看板に生き残ろうとする高校が多いなか、北星余市高校は、「そこからはじき出されてきた子どもたちに寄り添い、自立を助ける高校が全国で一つくらい生き残ってもよいのではないか」と、高校中退者も受け入れることを決め、編入制度を導入。それから現在に至るまで、全国から非行や不登校を経験した若者たちを積極的に受け入れ、福祉機関や警察、高校生たちが生活する下宿の人々ともネットワークを組みながらサポートし、社会へ送り出してきています。

多様なバックグラウンドを持つ生徒たち

北星余市高校は、生徒の7割が道外から集います。「子どもたちを集団の中で育てる」という教育方針を持ち、いわゆる「ヤンチャな生徒」も「おとなしい生徒」も同じ教室・学校の中で共に学び、地域の下宿での寮で共に暮らし、高校生活を送っています。

北星余市を訪れた際は、決まって生徒会メンバーを中心に、生徒さんたちが相手をしてくれます。そこには、20歳を超えた生徒が混じっていることも珍しくありません。

「みんなは、なんで北星余市に来たの？」それだけ聞けば、答えは十人十色です。

「前の学校で単位が足りなくなって、家を出たい気持ちもあって」

「中学校時代、いじめにあって不登校だったんですけど、学校の先生に勧められて、流れのままに」

「鑑別所に入ってて、少年院に行くか、ここに来るかって言われて」

「高校一回中退して働いてたんですけど、やっぱり高校卒業してるかどうかって、大きいじゃないですか。それでもう一回高校入ろうって思ったんです」


それぞれの挫折や、傷つきや、つまずきを互いに知れる機会があり、「みんなそれぞれ事情がある」という前提から学校生活がスタートすることは、北星余市高校のおもしろさであり、強みだと感じます。共通しているのはどの子も、「このままじゃダメだな、変わりたい」という思いを持ってくることだと先生は言います。

「もちろん、そんなに簡単に変われずにこれまでと同じ失敗を繰り返すことも、チャレンジできないことも多い。でも、豊かに生きていける力を、入った時より少しでもつけて、送り出してやりたい」。そんな思いで生徒に語りかけ、易きに流れる逃げを許さず、見放さず、ガチンコで生徒に対峙する教師がここにはたくさんおり、その環境の中で生徒たちは少しずつ変わるチャンスを得ていきます。

校内を見学させてもらうと、校舎のつくりなどは一般的なのですが、休み時間の職員室には、生徒がいつもたくさんいます。先生とおしゃべりしに来ている子や、「職員室に来れば誰かいるから」とやってくる子、冬場はストーブの周りを囲んで暖をとりながら談笑している生徒もよく見かけます。まさに「職員室に遊びに来てる」という感じ。生徒と教師の距離の近さを感じる光景です。

それから、とりわけ印象が強かったのが、生徒会室。歴代生徒会メンバーの名前とメッセージが、直書きで、壁一面、天井までを埋め尽くしています。初めて見た時は、なんとアナーキーな空間なのかと驚愕しました。北星余市高校では、生徒会執行部が学園祭などの学校行事を主催し、前面に立って運営を担います。先輩の背中への尊敬や憧れは、後輩たちの変化やチャレンジを後押しするものになります。

地域での下宿生活

北星余市の高校生たちの生活を語る際には、下宿の存在は外せません。道外など遠くの地域出身の生徒の多くは、余市町の人たちが営むいくつかの下宿で生活を送っています。

■寮での生活

生徒たちに寮母さんのことを聞いてみると、それは食事を出してくれる管理人さんという感じではなく、「恋バナも聞いてくれる（笑）」「いらんことしたら叱ってくれる」「第二の親みたいな感じ」と、その距離はとても近いよう。

ある寮を見学させてもらっていると、冷蔵庫の壁に透明なクリアポケットがかかっていて、中に薬が入っているのが目にとまりました。寮母さんに「これは？」と尋ねると、クリニックに通っている生徒の飲むお薬なのだそうです。寮母さんは投薬のタイミングや量を把握していて、「今日まだ飲んでないでしょ」と声をかけたりもしているそうです。そこまでするのか……と感嘆しました。

人間関係を支える「教師集団」づくり

夜はたいてい、何人かの先生たちが交流会に付き合ってくれます。酒席の好きな先生たちが多い印象。先生たち同士も距離が近く、同志という感じがします。北星余市の教育においては、「集団の力」

という言葉もよく耳にします。

先生は、生徒同士の人間関係に、明に暗に、積極的に介入します。ヤンチャに見える生徒を怖がっているクラスメイトがいれば、同じ状態からスタートしてすっかり打ち解けている上級生たちの姿を見せる機会をつくり、友達が非行に及んでいることを知っていて何も言わなかった／しなかった生徒に「それでいいのか」と問い、人のことを信用してみようと思えない生徒には、人のことを信じてみてもいいかなと思える経験ができるよう意識しながら行事づくりに臨みます。

ですが、そういう姿勢やあり方は、各教師が一人で培い、維持できるわけではなく「教師集団づくり」が重要なのだそうです。互いに話し合い、これでいいのか問い合うことを、先生たち同士も続けてきているのです。そうやって、学校の文化が形成され、維持されていて、それが一人一人の教師を踏ん張らせるのだと思います。

大阪のシンポジウムで出会った先生が語っていたとおり、人間は、生身の人間関係の中でこそ回復し力づけられ、成長できるのだと、そして学校はそういうことができる場なのだと、北星余市は気づかせてくれるところです。

教育魅力化の取り組み（島根）

島根県の、少子化・過疎化・高齢化など、日本の多くの地域がこれから直面していく課題を先取りしている地域、いわゆる「課題先進地」です。しかし今、島根は、教育を魅力化することで地域の再興を図る取り組みによって、全国から注目を集めています。

発祥の地、島根県隠岐島前《おきどうぜん》

島根県の中でさらに離島である隠岐島は、この地域活性化と「教育魅力化」を両輪とした取り組みがスタートした、いわば発祥の地。早朝に集合し、本土の七類《しちるい》港から4時間かけて隠岐島前の海士町《あまちょう》へ向かいます。海を進むにつれ、出発した時は曇っていた空も、だんだんと晴れ間が見えてきました。風も強くなく、フェリーの上はとても快適。海と空が青く、最高に気持ちのいい景色です。

訪問時、対応してくれたのは魅力化コーディネーターの大野佳祐さん。「隠岐國学習センター」でお話を伺いました。ここは、隠岐島前高校と連携している公立塾で、生徒たちそれぞれの自己実現を地域総がかりで支援する学びの場として設立された機関です。

全国から注目を集める「教育魅力化プロジェクト」とは？

10年前、生徒数の減少・教員数の減少・学校の魅力減少という負の連鎖が起こり、隠岐島前高校は廃校の危機に瀕していました。「先生も生徒も減ってできる部活動が限られてしまう」「物理など専門教科の教員がいなくて理系進学は無理」。そんなことが当たり前に語られてしまう状況で、当時の入学者は28名。21名を切ると、統廃合の検討対象になってしまう、という状況でした。

地方で高校がなくなることが持つ意味は、単純ではありません。高校がなくなれば、中学を卒業した子たちは島外へ出て行ってしまいます。そうなると15歳以上の子どもたちが島からいなくなってしまう。ひいては、子どもがいる世帯が島から流出する。そして、遠くない将来、島から人がいなくなる……。つまり高校の存続問題は、島そのものの存続問題に直結するのです。

そこで、負の連鎖を断ち切り、「学校の存続ではなく、学校の魅力化」を掲げて、プロジェクトがスタートします。プロジェクトの中心になったのは、当時はソニーで人材育成に関わっていた岩本悠さん。ゲストティーチャーとしてこの島に来た際に島の担当者に口説かれ、引き受けたのだそうです。

目指したのは、単なる進学実績の向上ではなく、その先の社会で活躍できる、島に戻って来て地域を元気にできる人づくり。そのためにも、地域資源を生かし、地域とともにある学校をつくること。地域との協働による推進母体をつくり、「魅力化コーディネーター」を校内に配置。ベースとなる基礎学力だけでなく、多文化協働する力、主体性・挑戦心、キャリア形成意識の育成など、いわゆる21世紀型の学力・スキルを伸ばす教育を、地域をフィールドに行っていきます。

お話をしてくださった大野さんは、県全体の教育魅力化を担うようになった岩本さんの後を引き継ぎ、地域・社会に開かれたカリキュラム、取り組みづくりを進められています。最近では、シンガポールやブータンなど、海外とも積極的に交流しているそう。

移住者の増加、人口減少、少子高齢化……世界の課題と島前の課題には共通点も多く、だからこそ地域の課題解決に実践的に取り組むPBL（プレイス／プロブレム／プロジェクト・ベースド・ラーニング：実践的に課題解決に取り組む過程で学ぶ）の中で、グローカルな感覚を育んでいくこともできるということです。

大野さんは、「その地域でしかできないことをブランド化する」というふうに表現されました。まさに、隠岐島前地域が日本有数の課題先進地であることを逆手に取った教育の特色化と言えるのではないでしょうか。

プロジェクトスタートから10年以上経った今、生徒数・クラス数はV字回復。島外からの島留学生も含めて、全校生徒は160人まで持ち直しました。今の課題としては、人口減少により島前3町村の中学生数が減少し、島留学生（島外からの生徒）が、地元の生徒数を上回りそうな状況を、どう考え、今後どうしていくのか、ということ。それでいいのか、という問いもあるのだそうです。「魅力化プロジェクトには正解もなければゴールもない。ずっと続いていくこと、続けていくことに意味がある」という大野さんの言葉が印象に残りました。

人が育つ町、津和野《つわの》

隠岐で始まったこの取り組みは、島根の他の地域にも広がっていきます。その一つが、島根県西部の中山間地に位置する津和野町。山陰の小京都ともいわれる、かつての城下町です。町唯一の高校である津和野高校も、当時やはり存続が危ぶまれていました。私は、ここで教育魅力化コーディネーターを務める中村純二さんとのつながりから、EDUTRIPとしては2回、個人的にも数回、津和野町にお邪魔しています。

津和野町の魅力化は、高校の魅力化からスタート。地域の素材をテーマにしたプロジェクト型学習を生み出し、高校内に無料の「町営英語塾HAN-KOH（藩校）」を開設、職員室の魅力化を図る「センセイオフィス」など、様々な取り組みが生み出されてきました。現在では、学校だけでなく「まち全体が学びの場」を合言葉に、「0歳児からのひとづくり」というビジョンを立て、小・中学校にもコーディネーターが配置され、教員と子どもとコーディネーターの関わり合いの中で、地域と学校をつなぐ学びが、試行錯誤しながら生み出されています。さらに、幼児教育コーディネーターも配置。幼児教育の魅力化も図られています。

積極的になってきた子どもたち

話を聞いた、県外から入学したという津和野高校生は、「以前はあまり積極的に人と関わるタイプではなかったけれど、この高校に入って、授業や部活動でたくさんの、いろんな仕事や考え方の大人の人と話す機会ができて、すごく勉強にもなるし、人と関わるっておもしろいなって感じるようになった」「先生やコーディネーターとの距離が近く、一人一人のことを見ててくれて、僕だったらプログラミングとか、興味のありそうなことを、やってみない？って持ち込んでくれたりして、楽しくチャレンジできている」「先輩たちが積極的だから、それに引っ張られたり、刺激される面も大きい」と、高校生活での自分の学びや変化を語ってくれました。

「生徒たちは年々積極的になっている」と純二さんは言います。自分の興味関心に気づき「やってみたいこと」を見つけ始めた生徒たちを、純二さんたちは「いいじゃんいいじゃん」「応援するけえ、やりんさい！」と盛り上げ、背中を押してきたそうですが、最近では、「あれもやりたい、これもやりたい」と自分たちから動いていくようになったそう。そのムードは、中学生にも広がり始めていると言います。

マイナスからのコミュニケーション

学校を変えていくということは生半可なことではありません。「コーディネーターって一体何者なの?」というゼロの状態、というより「何を持ち込んでくるの?」という不安や不信があるマイナスの状態から、教職員の方とコミュニケーションをとり、一つひとつ信頼関係を築いていくこと。学校と地域と行政の間で複雑な思いや利害を丁寧に調整すること。時には地域資源や社会資源を新たに掘り起こし、それを生かした企画をつくること。そして、生徒たちや先生たちの思いを引き出し、そこに伴走しながら一緒にかたちにしていくこと——。

例えば、センセイオフィスの取り組みでは、目に見えることとしては「家具メーカーとコラボして職員室を改装した」わけですが、むしろ結果よりも、職員室の働く環境について先生たち自身の課題感をアンケートで出してもらい、代表者を募ってプロジェクトチームをつくり、議論してトライアルをする、ということを先生たちと一緒にやってい

■センセイオフィス

くプロセスがより大切だった、と純二さんは言います。

「環境を変えたかったのではなく、先生方が一人一人持っている課題感を共有して、決定して、変えるということを、先生方と一緒に体験したかった。「当たり前だと思ってきたものを疑っていいんだ」「変えられるんだ」という文化をつくっていきたいということなんです」。

純二さんも、その後に続き、津和野町にやってきた若いコーディネーターたちも、悩み、葛藤しながら、しなやかに、地道に、変えていく具体のノウハウや経験を積み重ねながら、取り組み続けていきます。そうであるからこそ、結果が出てきているのだろうと思います。

益田市《ますだ》のライフキャリア教育

日本海側に面した益田市。ここは、また県内の他の地域とは異なる独自の方向性で、教育の魅力化、地域の魅力づくりを進めています。それは、社会教育／生涯学習に力点を置くということです。

これまでのキャリア教育の中心であった「将来どんな仕事をしたいか」という職業教育にとどまらず、それも包含するものとして益田市が掲げたのが、「ライフキャリア教育」。「将来つきたい職業」を考えて、計画的に、直線的に進んでいくということではなく、地域をフィールドに「今、動いてみる」なかで、自分や町に自信を持ち、幸せに豊かに生きる道を見つけていく。本業の仕事だけでなく、趣味や伝統芸能やボランティアなど、様々なチャンネルで活躍する、素敵な益田の人たちと、切れ目なくたくさんの出会いを重ね、「どう生きるか」を考える。そんなコンセプトなのだそうです。

２０２０年には、Ｉターンの若者たちを中心に、一般社団法人豊かな暮らしラボラトリー（ユタラボ）が立ち上がり、教育委員会社会教育課などから業務委託を受けるかたちで、高校生が放課後に自由に立ち寄れるサードプレイス「ｖｉｖａ！あそびば」の運営や、高校生のやりたいから生まれたマイプロジェクトの伴走、「益田版カタリバ」など、地域の大人と高校生が学び合う場を提供しています。

ロールモデルの豊かさが魅力

益田では、地域に学びの機会があふれる状況を生み出し、それらと子どもたちが結びつくしかけをつくっています。そのプロセスで、学校教育の本来持つ可能性が開かれていく、ということが起きているのがおもしろいと感じます。

社会教育課の人々や、ユタラボメンバーなど、かかわるアクターの中に、まさに「地域や社会とつながりながら、生きたいように生きているオトナ」が多く、人や町とのつながりを楽しみながら、これらの動きをつくっているのが伝わってきます。

子どもたちがその背中を見ることができること、そのロールモデルの豊かさは益田の教育の大きな魅力です。

3章

EDUTRIP、世界へ

これまでもっぱら国内の学校や教育現場を回っていたＥＤＵＴＲＩＰの行き先を、海外に広げることになった一番のきっかけは、ひょんなことからオランダ在住の教育研究者であるリヒテルズ直子さんとのつながりができたことです。

その後、しばらくの間、帰国時に関西に立ち寄られる際は、講演会やワークショップをセッティングさせてもらっていました。そもそもリヒテルズさんの『オランダの個別教育はなぜ成功したのか――イエナプラン教育に学ぶ』（平凡社）という本を読み、大いに刺激を受けていた私は、ご本人から数回にわたってお話を聞く機会に恵まれ、だんだんと「これはやっぱり現地に行かねばならないのではないか……？」と思うようになったのです。

リヒテルズさんに相談したところ、現地コーディネートを引き受けてくださることになりました。幸い、協力してくださる旅行会社も見つかり、実現の目処が立ちました。

オランダ

初めての海外訪問であったEDUTRIPは、2011年の3月18日が出発予定日でした。お気づきの方もいらっしゃるかもしれません。そう、出発の一週間前に東北の震災と、原発事故が起こっていたのです。このタイミングでツアーを実施してよいものかどうか、しばし逡巡しましたが、3・11後の日本社会を考えるうえでも、オランダの教育と社会を見ておくことは意味があるのではないかと考え直し、予定通り催行することを決めました。

教育を市民が選べる社会

オランダでは、教育理念・教育方法・学校設立の自由が憲法で保障されていることにより、多様な教育理念・スタイルの学校が社会のなかに共存し、そのなかでイエナプランやダルトンプラン、フレネ、モンテッソーリ、シュタイナーなど、オルタナティブスクールが一定の存在感を放っています。特にイエナプラン教育は、リヒテルズさんの尽力によって、現在、日本の教育者の間でも注目を集めるようになりました。オランダの社会や教育制度、イエナプラン教育の詳細については、リヒテルズさんの著書や訳書を読んでいただければと思いますので、ここでは、私自身が見聞きし、感じてきたことを中心にご紹介します。

■イエナプランの学校

今思い返して印象に残っていることのひとつは、1つの建物の中に3つの学校が入っていたことです。1階はイエナプランの学校（ここが目的地でした）、2階はダルトンプランの学校、3階はカトリック系のいわゆる伝統的な教師主導の教育方法をとる学校。それらの学校は、狭いながらもそれぞれの運動場を有し、組織としては完全に別々です。ただ、合理性の観点から、体育館と空調システムのみを共有しているとのことでした。

この事例が象徴的であるように、徒歩圏内に多様な特色を持つ学校が複数存在し、保護者と子ども自身が家庭の教育観や子どものニーズに応じて教育を選ぶことができるのです。しかも、そこに公的助成が入り、たとえ私立学校であっても、公立とほとんど負担が変わらないと言います。当時、オランダの教育システムをとてもうらやましく感じたのを覚えています。また、ここで詳しくは述べませんが、特にオルタナティブ教育のなかでも民主的な環境のなかで、自立と共生の力をはぐくむイエナプラン教育の理念と方法には非常に共感し、そのような教育にアクセスできる社会環境を日本にも……！という思いをそれ以降、強く抱いてきました。

ただ、これは市民の側の選択の〝モノサシ〟がすでに多様であることで成り立っている側面もあります。日本で同様の仕組みをつくったときに、いわゆる偏差値や全国学力調査の点数を指標にして学校選択が進めば、多様化というよりも、序列化が激しくなる危険性が大きいように思います。

また、選択肢がたくさんあるということは、シンプルに考えれば「よいこと」であるように感じられますが、もう一方で、「選ぶ能力のある家庭は時代に応じた〝よい教育〟を受けるチャンスが広がり、そうでない家庭は現状に据え置かれる」という側面もあります。

さらに「同質な人々が一つの学校に集中し、義務教育段階で異質なものと出会う機会が減少する」という側面も、あると言えるかもしれません。つまり、ムスリムの学校、プロテスタントの学校、カトリックの学校など、宗教で学校が分かれることは「よいこと」かどうか。リベラルな価値観を擁する学校と、保守的な価値観を擁する学校でそれぞれの価値観において教育が行われるのは「よいこと」かどうか、という問いです。前述のイエナプランスクールに行ったときに、「2階や3階の学校の子たちと放課後とかに遊ぶことってあるの？」と子どもたちに質問したところ「ほとんどない」という答えが返ってきたことが印象に残っています。

このことについては、私自身、まだ答えを持っているわけではありません。家庭の価値観と学校の価値観が同じ、もしくは近しいものであることは、子どもたちの心の「安全・安心」を担保することにプラスに働くでしょうし、近しい価値観を持つ先生・保護者・子どもで学校コミュニティを運営する方がスムーズなことは絶対に多いはずです。ですが、それによって子どもの頃から層ごとに分断され、互いを知る機会がないとすれば、それはその子たちが大人になったときに「多様性を尊重する社会づくり」にネガティブに働く可能性もあるのではないでしょうか。

オランダは、もともと「柱状社会」とも言われ、宗教もしくは政治的なスタンスによって、それぞれ分離した〝社会〟が形成されていたそうです。ですが、水害の国でもあり、いざというときには協力し合わねばならないという必然性もありました。だからこそ、それぞれの集団が互いに対して寛容さを持ち、政治的に利害調整をして国を動かしてきたという歴史上の蓄積があります。しかしそうではない日本で、同様に小学校段階からの学校選択が拡大したときに、どうなるだろうという点には、やはり個人的にはかなり危惧が残ります。

■ピースフルスクール

広がりを見せる「ピースフルスクール」

他のヨーロッパの国々と同様に、オランダでも移民・難民の増加と集住などによって、文化的な摩擦や、これまでとは違うレベルの社会の分断が起こっています。そんななかオランダで広まっているのが、建設的な議論・意思決定、対立の解決、社会の一員としての責任感、多様性の尊重を学んでいく「ピースフルスクール」というプログラムです。

前述のリヒテルズさんが日本にも紹介していますが、体系化されたワークショップ授業、それを行う先生たちのトレーニング、さらに「メディエーター」と呼ばれる、もめごとが起きたときに仲裁役を担う子どもたちの存在が特徴です。

オランダには移民の子どもたちが90％を占め、20ヵ国以上の子が通っている、という学校もあります。人種や民族や宗教の違いがあるなかでの「もめごと」には、差別や、深刻な社会問題の要素も含まれてきます。子どもたちの日常生活のなかで、実感のあるテーマと結びつけながら、人形劇やアクティビティを通して民主的な共生社会をつくるためのリテラシーやスキルを学んでいく。実際に学校の中で起こる対立やコンフリクトを民主的な方法で解決したり、ときほぐす練習をしたり、大人の見守りの中で重ねる。これは、もはや世界中で、もちろん日本でも、待ったなしで必要とされている取り組みだと私は感じています。

デンマーク

教育と福祉の充実で知られる北欧は、その幸福度の高さでも注目されています。GDPに占める教育予算の割合がOECDの中でも最も高い国の一つで、昨今のグローバル競争が劇化する世界状況の中でも、子どもたちのWell-being（幸福）を重視した非競争的な教育が根づいています。その価値観は、小学校段階では点数をつけて序列化するようなテストが禁止されていることにも象徴的に現れています。

デンマークには、日本のような「就学義務」はなく、代わりに「教育義務」が保護者に課されますが、教育選択の自由が保障され、ホームエデュケーションも認められています。学校に行く場合は公立学校か、様々な理念とスタイルで設立・運営されている私立学校を選ぶ、もしくは、親が集まって学校を設立することもできます。私立学校の中には、後述するフォルケホイスコーレの思想を汲んだフリースコーレや、よりラディカルな人たちによってつくられたリラスコーレ、シュタイナーなどのオルタナティブ教育学校などが含まれます。

また、立ち止まって人生を考えるための機会が保障されているのも特徴です。義務教育期間の後期に寮生活をしながら学ぶことができるエフタースコーレや、18歳以上の国民に生涯にわたって開かれているフォルケホイスコーレは、ゆとりと人とのつながりの中で自分を見つめる時間を得ることができる時間と空間を若者たちが得られる場になっています。

■森のようちえん

自己表現100％で遊ぶ子どもたち

デンマークには、毎日、森に出かけ、自ら遊びをつくりだし、自由に創造的に活動する「森のようちえん」がたくさんあります。子どもたちはそこで、倒木の上によじ登り、木の皮を剥ぎ、開いている穴に棒を突っ込み、保育士に飛びついて押し倒し、友達と駆け回って過ごしています。おしっこをしたくなったら、一人でおもむろに近くの木の根元まで歩いて行き、そこに引っかけていました（笑）。

訪ねたとき、私が一番おどろき、感動したのは子どもたちの「顔つき」でした。そこにいた小さな子どもたちは〝大人みたいな顔〟、自信に満ちた「はっきりと意思のある顔」をしていました。「やってみたい」と思ったことを思いきりやれる活動環境があり、禁止やコントロールがほとんどない中で、自分の意思や感情をあるがままに表現することができる。そして、それを見守って、受けとめてくれる大人がいる。まさに、自分のしたいことを自分でつかみきっている、という姿に私には見えました。これだけ全身で自己表現を毎日のようにしていたら、「この子たちは、自分が何をしたいかわからなくなったりしないだろうな」と感じ、翻って日本の状況を考えさせられました。

若者が青春を謳歌する権利を保障

障がいのある青少年のための学校兼ユースセンターを訪れた際、玄関を通ってロビーに入ったところで〝イチャイチャ〟している高校生ぐらいのカップルを見かけました。その様子がほほえましく印象的で、校長先生に「ああいうことはよくあることですか？」と尋ねたのです。すると、返ってきた答えは私の予想を超えたものでした。「障がいがある彼らにも、他の若者たちと同じように青春を謳歌する権利があります。私たちの仕事は、それをサポートすること。彼らは身体的なハンデで、恋人と寄り添いづらいこともあります。そんなときにもサポートしますよ。私たちの仕事は、けっして職業訓練だけではありません」。

子ども時代や若者時代を、大人の準備期間としてだけ過ごすのではなく、彼ら彼女らの「今ここ」が幸せであることが大切にされているようでした。この言葉を聞いて、私は、自分のなかに「学校は、今がつらくとも、将来のために役立つところ」という考えが強く根づいていたことに気づかされました。

私たちは日本で、「将来のために今楽しくなくても努力しよう」というメッセージをたくさん受けて育ってきています。一方、ここの校長先生は、今・ここが心地よく、幸せであることが、結果的に彼らの将来をも支える、という確信を持っているようでした。今の幸せか、将来の準備かは、二項対立で捉えることでは、ないのかもしれません。

生きる喜びのために学ぶ

デンマークの教育を語るとき、最も外せないのが、教育の父と呼ばれるグルントヴィ。デンマークの民衆教育[*]、ひいては民主主義の礎を築いたと認識されている教育者・思想家です。彼が100年前に生み出した独自の成人教育機関がフォルケホイスコーレです。18歳以上であれば、いつでも誰でも入学できるフォルケホイスコーレは、寄宿舎制で共にコミュニティの自治をしながら、生きた対話と体験を通して学ぶことを大切にしています。就学期間は3ヵ月〜1年程度と幅があり、複数のフォルケホイスコーレを渡り歩くこともできます。試験もなく、資格も問われず、誰でも自由に学ぶことができるのですが、寮費以外はほぼ無料です。異なる立場の人も、貧しい人も平等に学び対話できるこの学びの場は、デンマークの民主主義の基盤を培ってきたとも言われてきました。

＊民衆教育：公教育が、国家・行政が主導し国民に対して行われるものであるのに対して、草の根の一人一人の市民＝民衆が自ら求め自ら創り出す学び（の場）を指します。フォルケホイスコーレはまさにその実践の場として広がりました。「フォルケオプリュスニング（Folkeoplysning）」はデンマーク語で、民衆教育・生涯学習という意味を持ちます。「folk」は民衆、「oplysning」は education, enlightenment, empowerment の意味を持ち、互いに照らし合う、啓蒙し合う、というようなニュアンスの独特の言葉です。

学生たちはここで、「本の中の文字」からではなく互いに生きた言葉で対話することを通して学び合い、他者と共生しながら自分らしく生きる道を見つけていきます。共に歌を歌ったり、食事をすること、語り合うこと、体験することが大切にされていて、フォルケホイスコーレには、多くの場合広々としたラウンジや食堂のような場所、芝生の広場など人が集える空間があり、そこでのんびりと談笑しながら過ごす学生たちがいるのが見られます。

一切の試験がなく、ここを卒業したからといって何か資格が付与されるわけでもない。就職に有利でもなく、キャリアアップにもつながらない。日本の感覚で言えば、「なぜ、そこに学びに行くの？」と思ってしまうような場所です。にもかかわらず、多くの人がここで学ぶことを選びます。学ぶこと自体が、目的なのです。デンマーク人には「学び」とは「ＱＯＬ（生きることの質）」に関わる営みなのだ、という認識があるように思います。

ここには、グルントヴィの思想が強く影響しています。

■フォルケホイスコーレ

このフォルケホイスコーレの教育観・人間観（書物中心の死んだ言葉の教育ではなく対話による生きた言葉で学ぶ。不安や恐怖からではなくポジティブなモチベーションで学ぶ。コミュニティを基盤に学ぶといった考え方）は、デンマーク中の公教育・義務教育にも多大な影響を与え、今では「当たり前」のこととなっているようです。

ＥＤＵＴＲＩＰでデンマークを訪れた後、実際にフォルケホイスコーレに留学した友人がいます。フォルケホイスコーレでの学びに充実感を感じながらも、日本でいえば「モラトリアムでしょ」と言われてしまう時間なのではないか、とモヤモヤしていた彼は、デンマーク人の同級生に「フォルケホイスコーレに行くことって、結局、現実逃避なんじゃないのかな」と尋ねたのだそうです。すると、こんな答えが返ってきたのだそうです。

「私はフォルケホイスコーレに行くことを現実逃避だとは思わない。小・中・高・大と学校社会しか知らずに生きていくことの方がよっぽど現実逃避だと思うわ。〝現実〟っていうのは、学校だけじゃない。会社とか、地域とか、世界とか、いろんなものが入り混じって〝現実〟でしょう？　だから私は学校社会を離れて、〝現実〟に直面するためにフォルケに来ているの」。

10代の若者から、こういう明確な「自分の言葉」を聞くことが当然のようにできるのも、デンマークの教育の賜物であるように思います。

日常用語として〝デモクラシー〟を語る教育者たち

デンマークで、私が最も感銘を受けたのは、どの教育機関でも、幼稚園ですら、大人たちが当然のように、それぞれの言葉で、〝デモクラシー〟について語っていたことです。フォルケホイスコーレの学生たちは、私が「デンマークには民主主義に根ざして、民主主義を目指す教育があると聞いて来た」と挨拶すると、「うんうん」「そうだそうだ」とみんな頷くのです。これは本当に浸透しているな……と感じた瞬間でした。

けれど、デンマークの人たちが言うデモクラシーは、日本でのイメージとはちょっと違うようです。

「自分の人生をどう生きていきたいか考えることがデモクラシーなんだ」
「デモクラシーは、人が2人集まればもう始まっているもの」
「一緒に生きていくためには、デモクラシーを学ぶ必要がある」

「子どもたちには、自由と責任をどう扱うのかを学んでほしい」
「若者がコミュニティや政治に参加することはデモクラシーのためには欠かせない」

日本で民主主義・デモクラシーというと、政治の話、統治機構の話のようなイメージが湧いてきますが、デンマークでは、それは、何よりまず自分が何を欲しているか、どう生きたいかを知ることから始まります。そのうえで、自分自身の思いや意思が大切なのと同様に、他者もそれを持っていることを知り、思いや意見に食い違いがあったときに、いかに対話をするかを学んでいきます。そして、それと地続きに、政治参加や社会参画がある——。

日本の教育は今、少しずつ変わろうとしています。学校や教育現場で、挑戦している人たちがたくさんいます。その時に、教育がどうあればいいか、とセットで、「どんな社会をつくりたいか」を考えることは非常に重要ではないでしょうか？　もちろん、どんな国の教育もそのまま取り入れる、なんてことにはなりませんが、デンマークの社会と教育のあり方は、一つのヒントになるのではないかと私は考えています。

韓国

韓国の教育というと多くの人が「熾烈な受験戦争」を思い浮かべるのではないでしょうか。確かに、日本以上に厳しい学歴社会である韓国では過度の受験競争や就活による若者の自殺やひきこもりが社会問題化しています。ですが、実はその一方で（だからこそというべきかもしれませんが）子どもの主体性を重んじ、平等で民主的で持続可能な社会を目指す教育を行う動きも活発です。ここでは、韓国の教育のもう一つの側面にフォーカスしてご紹介します。

盛り上がる代案教育ムーブメント

日本と韓国の教育制度と、その抱える課題はよく似ています。両国とも、教育支出を家庭の負担に頼っている部分が大きいために教育格差が広がっていること、また不登校・ひきこもりも社会問題化していることなどです（ちなみに韓国でも、ひきこもりは、ＨＩＫＩＫＯＭＯＲＩと呼ばれます。日本語が輸出されているわけですね。ＴＳＵＮＡＭＩ、とかと同じです）。

韓国では、メインストリームの教育が受験競争によってストレスの高いものになっているがゆえに、そうでない教育＝子どもたち主体の学びや、協働的な学び、持続可能で平和な社会をつくっていける人を育てる民主的な教育＝代案教育が、リベラルな市民の間で強く求められています。一定の条件をクリアした代案学校は、国からの認可を受けることもでき、公的補助が出ます。不登校の社会問題化を背景に、フリースクールが日本で生まれたのは80年代中頃。韓国で代案学校が増え始めたのはそこから10年ほど遅れてからになりますが、今では公的補助の存在など、日本よりも進んでいる部分もあります。

ちなみに、日韓のフリースクール・オルタナティブスクール・代案学校はお互いにけっこう活発に交流していて、教育実践や運動づくりを学び合い、互いの動きに生かしています（後述するソンミサン学校は、きのくに子どもの村学園をモデルの一つにしていますし、サンマウル高校は自由の森学園と姉妹校提携を結んでいます）。

暮らし・地域・いのちとつながる

韓国の代案学校の草分けの一つ、ソンミサン学校は、住民主体のまちづくり運動の中で立ち上がった学校です。共働きの親たちの共同保育の取り組みに端を発し、自分たちの暮らしを自分たちでよりよく、持続可能にしていくために、アレルギーの子どもたちが安心して食べられるアイスクリーム屋さん、住居に困っている若者のシェアハウス、エネルギーを自給するためのソーラー発電など、「こんなのあったらいいな」「もっとこんな暮らしがいいな」というアイデアをソンミサンというエリアを中心に実現していっているネットワークのようなものです。テーマ（理念）で集まったコミュニティでもあり、でもこのエリアを中心にした活動でもあるので地縁コミュニティでもある、という不思議な共同体です。

そのまちづくりの流れの中で、住民たちが学校までつくってしまったのがこの学校。授業は、2~3学年が一緒に学ぶ異年齢学級で、自分たちの生活に直結したテーマを、プロジェクト学習のかたちで学んでいきます。

例えば、ある時私たちが訪問した際、初等部は「衣」「食」「住」の3つのチームに分かれて活動していました。「住」のクラスでは、学校にどんな遊び場、遊具があったら楽しいかを自分たちで考え、地域の企業と連携して実際につくる、という取り組みの真っ最中。他の学年も、街で拾ってきたまだ使えそうな家具や廃材のリサイクルをしたり、自分の家がどれだけ節電できているかのグラフをつくったり、はたまた地域に暮らす独居高齢者をサポートする方法を考えたり……暮らしとつながる実践的な取り組みがたくさん。こういう活動が、学びの軸として据えられているのです。

また、ソンミサンマウルのまちづくりにおいても、住民の主体的な活動が大事にされていることと重なり合うかたちで、子どもたちが参画し学校自治に取り組むことも大切にされています。ちょうど訪問したときは、中等部（7年生〜12年生）の子どもたちが学校でのルールや、行事の中身を決める全体会議（ファミリーミーティング）を行っていました。子どもたちが次々前に出てプレゼンをし、それに対して意見をしたり賛成の拍手をしたり、自分たちが学校の運営に参画するということが、すっかり文化として根づいている様子でした。

つまり、この学校の学びとは、日々の暮らし・まちづくりと一体となった生き方創造の実践、というわけです。ここの子どもたちは、日々暮らす地域をフィールドに学び、学校と地域生活が相互に結びついた環境の中で育ちます。高校生ともなるとコミュニティ内の会社や職人さんのところにインターンに行ったりすることも多く、その延長線上で、そこに弟子入りしたり就職したりして、それが卒業後の「進路」となることも多いのだそうです。

このような、地域での暮らしや生活、さらには「この社会で、地球で、生きていくことそのもの」について、考え、実践する教育をしている学校が多いことは、日本のフリースクールやオルタナティブスクールと比較しても、韓国の特徴だと感じます。

環境意識が高い代案教育

仁川《インチョン》空港の北側に位置する島、江華島《こうかとう》にあるサンマウル高校は、全寮制で、政府から認可を受けている数少ない代案学校の一つで、全国から生徒が集まっています。山や田んぼ、畑など緑に囲まれた、とてものどかな環境で、サンマウルの意味が「生きる村」であるように、学校自体が小さな村のような構造で造られている、とてもユニークな学校です。学校運営におけるエネルギーの約40％が再生可能エネルギー、給食の材料のお米は自給自足でまかなっているというのは驚きでした。トイレは微生物の力で排泄物を堆肥に変えることができるコンポストトイレ。学校を卒業した生徒たちが、そのまま地域で農業を始めたり、社会的企業を立ち上げたりすることもあるそうで、校長先生はゆくゆくはエコビレッジのようなものが学校を中心として生まれていくという夢を語ってくださいました。

韓国の代案教育は、環境意識が高く、「日常の暮らしと教育・学びを切り離さない」というこだわりのようなものを感じることが少なくありません。それだけでなく、社会を変えようという意識と、教育を変えようという意識が、密接に結びついています。人権運動や環境運動、平和運動と、代案学校運動がつながっている、というか。日本の感覚からすれば、多分に政治的である、と言えると思います。

「小さな学校運動」から革新学校へ

韓国でも、地方の小さな学校は廃校の危機にあります。しかし、あるとき、そういう小さな学校は、カリキュラムをより自由に編成していいということになり、そこから「小さな学校運動」が広がっていきました。

子どもたちのペースや関心に合わせ、自主的・主体的かつ、対話的・協同的な学びを中心にする、子どもや保護者の声に耳を傾けながら学校運営自体を民主的に行う、というように小さい学校のメリットを生かして、よりリベラルな教育を進めようというものです。さらに、京畿《キョンギ》道という自治体においては、日本でいう教育長にあたる教育監が選挙でリベラル派に替わったことをきっかけに、「小さな学校運動」の教育実践が政策の力を得て、「革新学校」としてより明確に学校教育制度の中に位置づけられるようになりました。これは、代案学校の公立版、あるいは公立学校のオルタナティブ化とも言えるものです。

韓国では、教育監は4年に一度、選挙によって選ばれます。2014年の教育監選挙では、17ある地方自治体のうち、13の自治体でリベラル派の教育監が選ばれました。彼らが最も熱心に取り組んでいることの一つが、革新学校の実践を深化し、広めるということです。

京畿道廣州《カンジュ》市にある南漢山《ナンハンサン》小学校は、登山に訪れる人が多い、世界遺産にも指定されている観光地に立地しています。地域に暮らす子どもの数が減ったことから廃校の危機にあったこの学校は、2001年から「競争や成果主義ではない学校、子どもたちが幸せに暮らせる学校を目指そう」という方針に大きく転換し、そのことによって学校を存続させることに成功しました。地域外から、この学校に通わせたくて、引っ越してくる人たちが現れたのです。公立校の枠組みの中で、内側からそういった変革を起こしていこうという「小さな学校運動」「革新学校」の皮切りとなった学校と言われています。

教師、地域、保護者の間で、自律、経験、協力、進歩（リベラルの意）、生徒中心など重視する価値観を共有し、行事や施設やプログラムに、子どもたちの意見を取り入れることが大事にされています。また、授業は講義よりも活動的な内容が多く、話し合いがしやすいように机はコの字型に並んでいました（これは佐藤学さんの「学びの共同体」の影響です）。

韓国で一般的な40分授業―10分休み―40分授業という時間割ではなく、80分授業―30分休み―80分授業という設定にしているのも特徴です。さらに、エポック授業という、長い期間をとり、あるテーマや教科を集中的に学ぶ、という学び方も取り入れているということでした（これは、シュタイナー教育からの影響だと思われます）。

■話し合いがしやすいように、机はコの字型に

図書室は地域にも開放されています。また、自然の中で学ぶということも大事にされていて、裏山にも机と椅子が並べられ、春になったらここで自然と触れるような授業はもちろん、教科の授業をしたりもするのだと教えてもらいました。芽吹いた木の下で勉強するのは、気持ちよさそうです。

ちなみに、革新学校界隈では、最近は特に「空間革新」というものに注目が集まっているそうです。教室の中だけではなく、子どもたちと教師と建築家が一緒に考えて、校舎全体の空間づくりを革新するというものだと言います。これに、教育部（日本でいう文部科学省）が予算をつけているのだそうです。

代案学校運動と革新学校運動は互いに学び合い、連携するかたちで、学校教育に影響を与えてきています。さらに、今では、教育部が出すナショナルカリキュラムにも、革新学校での実践がたくさん組み込まれており、革新学校は、公教育のリベラルな変化のモデルとなって、全国に広がっていっているのです。

■ソンミサン学校の図書室。箱の中で本が読める

公立高校生が代案学校で学べる画期的な仕組み「オデッセイスクール」

2015年からは、公立高校とフリースクールが、生徒の学びを共に支える「オデッセイスクール」という仕組みがソウル市で始まりました。これは、一般の公立高校の生徒が、高校1年生の1年間、ギャップイヤーのようなかたちで、または自治体内留学のようなかたちで在籍校を離れ、代案学校で学ぶことができるという仕組みです。代案学校に通ったことが、在籍校の出席として扱われるので、次の年度に在籍校に戻ると、2年生からスタートすることができます。

韓国の高校は受験によって高度にランク付け・序列化されてしまっているため、低ランクとされている高校には、学ぶモチベーションを持ちにくく、自尊感情の傷つけられた生徒たちが多く在籍しています。ソウル市では、教育監がこのことに問題意識を持ち、オデッセイスクールをつくったのだそうです。この1年間で、のんびりしたり、仲間と話し合ったり、手や体を使って何かをつくったり、そういう経験を通して、自分自身を見つめ直し、学ぶ楽しさや意欲を取り戻し、自己表現をし、人と関わり合う力を身につけて在籍校に戻っていく、というコンセプトです。

受け入れをしている代案学校の一つ、「空間ミンドゥルレ」のオデッセイスクールは、ソウル市の図書館の中にあり、そういう意味でも、公と民の、柔軟で新しい連携が生まれていることがうかがえます。また、おもしろいことに、それらの民間の代案学校が運営するオデッセイスクールに公立高校の先生たちが出向して学び、彼らが中心となって運営する新しいオデッセイスクールも生まれているのだそうです。

このように、韓国のオルタナティブ教育、デモクラティックエデュケーション界隈の動きは、とってもダイナミック。隣の国だからこそ似ているところも多いのですが、「全然違うなあ！」と思わせられることも。

ただ、日本の公立学校で実践が蓄積されてきた「学びの共同体」を、韓国の代案学校の人が学んでいるのを知ったりすると、「地域のふつうの学校」でできることって、もっといっぱいあるんじゃないかなぁ、と思えてくるのです。

スウェーデン

スウェーデンを訪れるきっかけになったのは、若者政策が専門の同世代の研究者・両角達平さんとの出会いでした。スウェーデンは、若者の投票率が80％を超える国です。最近では、高校生の環境活動家のグレタ・トゥーンベリさんが呼びかけた気候変動ストライキも注目されました。政治や社会に参画する若者が育つ環境とはどのようなものなのか、それを探りに行きました。

民主主義の基盤をつくったスタディサークル

スウェーデンでは、バンドやりたいとか、読書会しようとか、絵を描こうとか、ダンスやろうとか、そういうグループが友達同士やこの指とまれ方式でとても気軽にできます。これがスタディサークルというもので、いうなれば自由にハードル低く余暇活動をグループで楽しめる仕組みです。

もちろん勝手に集まって勝手にやってもいいわけですが、全国的に10個ある中間団体（それぞれ特色がある）にそのスタディサークルを登録すると、その中間団体が持っている場所や道具を無料で使うことができます。また、例えば読書会をするのに「コピーがしたい」とか国際政治の勉強をするのに「講師を呼びたい」とかいう時にお金も出してもらうことができたりします。

10の中間団体をさらにまとめている、学習協会という機関もあります。

学習協会によれば、スタディサークルには全国で１００万人が参加していて、参加人数はどんどん増えているそう。高等教育を受けている人よりもスタディサークルに入っている人の方が多い計算になります（スウェーデンの人口は約１０００万人）。

スタディサークルのルーツは19世紀の民衆運動

スウェーデンでは19世紀半ばに、労働運動、自由教会運動、普通選挙権を求める運動、女性運動、禁酒運動など、社会変革を求める様々な民衆運動が起きました。当時、問題意識を持った人たちは、誰かの家に集まって、キッチンで輪になって、一緒に本を読んだり、問題意識をぶつけ合ったりして、互いに学び合っていたのだそう。そのような場に社会状況の異議や不満が持ち込まれ、変革のためのアイデアが生まれ、グループ化・組織化が起きて運動になり、社会が変わってきたという歴史があります。

だから、今でもスタディサークルは、「民主主義の学校＝民主主義の実践・練習の場」だと言われます。それが例えバンド活動であっても、絵画サークルであっても、それは民主主義のムーブメントなのだと。

10ある中間団体のひとつ、学習促進協会での説明によると、民衆教育の目的は２つ。

・教育格差を減らすこと（Reduce gap of education）
・民主主義を高めること（Increase democracy）

さらに民衆教育は、このようなことに特徴づけられます。

・自立的、自発的な参加
・活動内容に参加者が影響を与える
・相互作用的な活動環境

民衆教育たるものこうでなければならない、こうでなければ民衆教育とは言えない、という感じだろうと思います。

実は、デンマークの「Folkeoplysning」にあたる言葉がスウェーデンにもあります。「Folk Bildning」。意味はほとんど同じで、民衆教育を指します。どちらの国でも、民衆教育こそが民主主義の基盤をつくってきたと言われています。

デンマークでは、フォルケホイスコーレの存在が公教育/義務教育学校にも大きく影響を与えたと言われています。おそらくスウェーデンにおいてはスタディサークルがこういう役割を担ったのだと想像しました。

北欧の民衆教育は、従来の学校教育≒フレイレの言うBanking Educationへの批判であり、オルタナティブ。さきほど、民衆教育の特徴を、

・自立的、自発的な参加
・活動内容に参加者が影響を与える
・相互作用的な活動環境

と書きましたが、これは「伝統的な学校教育」へのアンチテーゼだと私は思っています。

・依存的、強制的な参加
・教師が決め、生徒は従う
・一方的な知識、価値観の注入

これがなぜまずいのか。どうまずいのか。それは民主主義にとって「まずい」のです。

デンマークでもスウェーデンでも、民衆教育が、「民主主義の土台」とされるのは、こういう視点で見るとよくわかります。権利を求める社会運動と、「権力者による教育」を「民衆たちによる学び」に変える教育運動は、互いに支え合って今の社会をかたちづくってきたのです。

そして、民衆教育においては、「即、役に立つ学び（資格をとるといったような）」「選別に勝ち抜くための学び（いい大学に行くというような）」ではなく、「それ自体を楽しむ学び」「余暇的な活動」に重きが置かれています。

そこでは、学問的権威は重要でなく、「よく生きる」ということそのものと学びが、深く結びついています。だから、バンドも絵画もダンスもスポーツも、民衆教育の範疇なのです。

民主主義を教えるスウェーデンの学校教育

スウェーデンでは学習指導要領の中に「民主主義を教えるという使命」が盛り込まれています。項目としてはこんなことが書いてあるそうです。

・すべての人に平等に価値があること
・社会的連帯
・他者を理解できる力（異文化へのオープンさ／相手への思いやり）
・多面的な物の見方／研究で証明されたものを教えること
・民主主義の方法でものごとを進めていくことができる力をつけること
・影響力を持つということ（選ぶこと、責任を持つこと）
・グループへの貢献

など

各教科においても大きく位置づけられています。例えばこういう感じです。

・生徒は自分の意見を伝えることをしなければならない
・教師は倫理的な問題や今社会にある問題についての知識を教えなければならない

・生徒は教えられている内容を批判的な目で見て検討できる必要がある

など

民主主義は、平等、連帯、個人・多様性の尊重、他者への寛容など目的としての価値であり、学校は、社会においてこれらの価値が実現・維持されていくために、一人一人の生徒がそれを実現できるスキルや力量を高めていくことができる環境づくりや働きかけをするという使命を持っているのだそうです。

「それって学校教育の中でどれぐらいの重要度なの？」と聞いてみたところ、かなり大きい比重が置かれている、と先生たちは答えてくれました。すべての活動・すべての授業において意識されておくべきことだという認識が共有されているそうです。

民主主義を教えるとは

ツアーで訪れたストックホルム郊外の基礎学校（小・中学校）では、小学生の子どもたちが、生徒会（Student Council）と給食協議会（Food Council）について説明してくれました。これらはいずれも、生徒側と学校側が学校生活に関して意見を交わすための機関。基本的には学級ごとの代表が集まり、さらにその代表者が学校側と話し合うというスタイルです。

例えば生徒会ではこんな意見が出て議論するそう。

「グラウンドの時計が小さくて見えないから困ってる、どうにかならない？」

「サッカーボールがもう一つほしいんだけど」

「グラウンドの場所の調整をしたい（どう時間や場所を分けるか）」

「毎週木曜日はクッキングやスポーツがある楽しい時間割の日なのに、そこにスクールトリップ（遠足）を入れるなんてひどい。日程を変えてほしい」

スクールトリップの日程は実際に変わったのだそうです。オープンに話し合いが行われ、子どもたちの声はけっこう反映されるようでした。

給食協議会はこんな感じ。

「魚料理が週3回は多すぎるよ、1回で十分……」

「フルーツを大皿にグチャって盛るのやめてほしい」

「じゃがいもがいつも固いんだけど、もっと柔らかく料理してほしい」

思わず「かわいい……！」と笑いがこぼれてしまったのですが、でも給食って子どもたちの本当の素朴なニーズが出やすい、いいテーマだなと感じました。こういう意見は日本においては「わがままを言わずにありがたく食べなさい」と言われてしまいそうな気がしますが、ここでは、まずは受けとめられます。

もちろん、食育的な観点も大事ですし、シェフや学校側にも考えがあるので、なんでもそのまま意見が通るということではなく、生徒が声を出して、そこから議論が始まる、ということです。

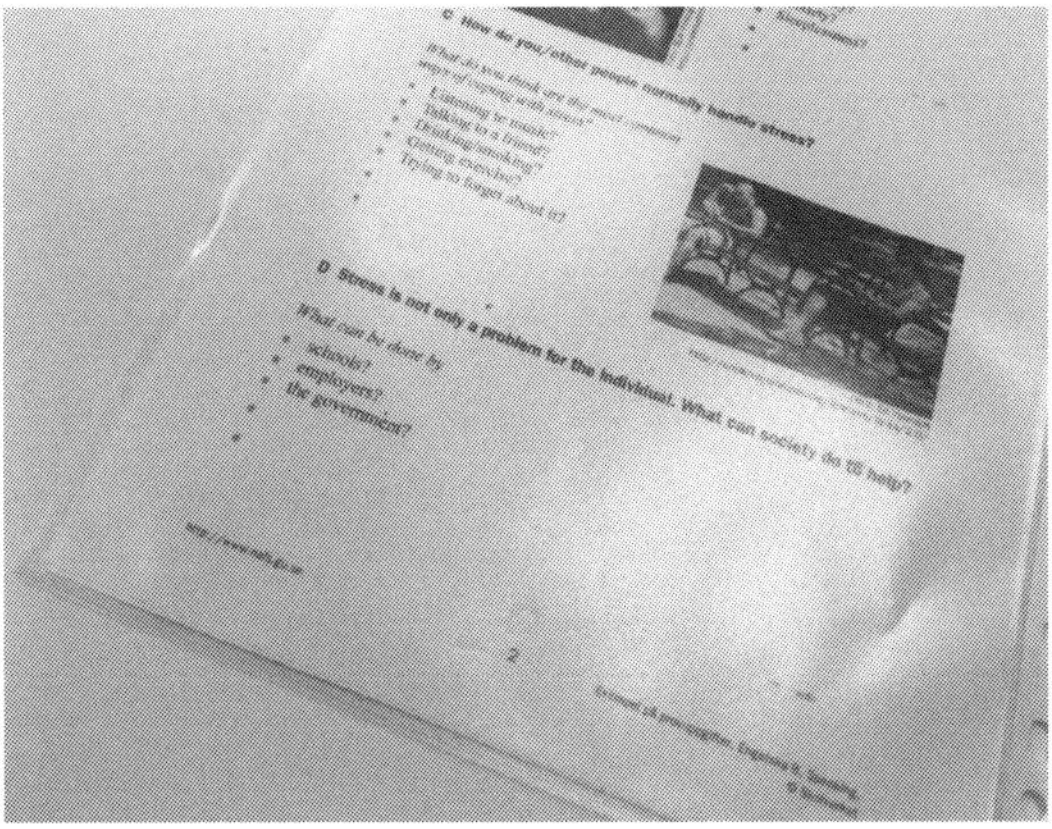

■ストレスについての質問

公立高校を見学した際に見せてもらった英語のスピーキングの課題プリントは、ストレスがテーマで、自分のストレス源やストレス発散法についてペアで話そうという内容でした。プリントに書かれていた最後の質問テーマがこれです。

【D】Stress is not only a problem for the individual. What can society do to help?（ストレスは個人だけの問題ではありません。社会は手助けするために何ができますか？）

What can be done by…（学校は／雇用主は／政府は、何ができますか？）

●schools?

●employers?

●the government?

こういう感じかぁ、と納得しました。こういう例題の一つひとつの設問に、どんな学校がいいか、会社がいいか、社会がいいか、考える要素が含まれていたりするのです。社会科のクラスではフェイクニュースやフィルターバブルの話をしており、自然科学系コースの生徒は気候変動について一番比重を置いて学んでいると。まさに「今社会にある問題」が教科の学びの中で重視されているようでした。

ちなみに、就学前学校に行った時も、「子どもたちの影響力を高める」という教育目標が、壁に貼られてありました。幼児教育の段階から、自分で選ぶ・意見を言う・他者と関わり合う、というようなことがすごく大事にされているのが感じられました。

気候変動へのアクションとしての学校ストライキを、先生も応援

■気候変動に対しての学校ストライキ

ツアー最終日、#Fridays For Futureのアクションが行われている国会議事堂前に、参加者の中で希望を募り、向かいました。これは、当時スウェーデンの高校生であったグレタ・トゥーンベリさんが、集中豪雨や干ばつ、記録的な猛暑の頻発や海面上昇、ひいては食糧危機にもつながる気候変動に対して、大人たちが有効な対策を実施しないことに業を煮やし、「学校に行っても、地球に限界が来れば私たちに未来はない」と、毎週金曜日に学校ストライキを行い、国会前に座り込んだことに端を発したアクションで、スウェーデン国内、ひいては世界中に広がりました。日本でも賛同し、金曜日に国会前に立つ

ている高校生たちがいます。

この時出会った高校生たちは、「気候変動に対して政府や国際社会はもっと具体的なアクションをとるべき」「私たちは危機感を持ってここに来ている」「今変わらないと未来はない」と、真剣に語ってくれました。


集まった人たちの中に、#Teachers for Futureというプラカードを見つけました。声をかけてみると、自分は教師だとのこと。このアクションに賛同し、取り組みを応援する先生たちのネットワークも構築されているのだと教えてくれました。

私たちが訪問した公立高校の生徒たちの中にも参加者がいたようで、このアクションについて先生は「学校としてオフィシャルには〝学校に来なさい〟と一応言うけれど、個人的にはグレタのアクションは素晴らしく誇りに思うし、うちの生徒たちにもどんどん参加してほしい。思っていたほど参加しなくて、ちょっと内心がっかりしてるのよ」と話していました。

中間団体が盤石で、「意見吸い上げ力」がすごい

スタディサークルにしても学校の中の取り組みにしても、一人一人が声をあげられる小さな

グループやコミュニティがスウェーデンにはたくさんあります。プライベートな友達グループとはまた違う、枠組みのある小さな組織がたくさん、無数にあり、そして、就労時間が短いこともあって、多くの人が何かしらのグループに属しています。で、そこで日々意見を言い合い、擦り合わせるという民主主義の実践をしているのです。

そして、それを束ねる傘下組織／中間組織があって、その上にさらに、その中間組織をまとめる機関があって……と、より大きなところへとボトムアップで声が上がっていきます。学校の生徒会も労働組合も、政党も、業界ごとの声を吸い上げるのにも、あらゆるところがそうなっているようです。それはつまり、アドボカシーのチャンネルがとても多いということ。それが吸い上げられて反映される仕組みができていて、その仕組みをみんなが信頼している。それはすごいことだなぁと思います。

参加者間の振り返りの時に、ある人が、テコの原理を持ち出して、スウェーデンの民主主義を解釈し、説明してくれました。声を出して意見を言ったら（力点）、それがちゃんと反映される（作用点）。それは力点に加えられた力を作用点まで運ぶ仕組み（支点）があって、機能しているから。そして、「ここに力を入れたらこれが動く」と思えるから、人は力を入れるんだね、と。

その「支点」が、小さなグループや中間団体の存在なのではないかと思います。そしてスウェーデンは、その小さなグループや中間団体の重要性を国が認めて、かなりのお金を出しています。帰ってきてから調べてみたら、スウェーデンは「組織の国」とも呼ばれているそう。納得です。

タイ

ほほえみの国、きらびやかな寺院、おいしいエスニック料理、ムエタイ……タイは身近な海外旅行先として日本でもこのようなイメージが定着しています。ですが、教育……と言われてもあまりピンとこないのではないでしょうか？　近年のタイは、実は多様な国籍・宗教・文化の人が混在する多文化社会になっています。また、国として経済がどんどん発展している渦中で、教育現場には格差の問題も横たわっています。さらに、新たな教育観の醸成期とも言え、留学経験を持つ富裕層や、層を厚くしてきた中間層はタイの昔ながらの画一的な教育のあり方への不満を募らせ、個性を尊重する新たな教育を求めています。

私たちのツアーをコーディネートしてくれたのは、タイ国認定の公益法人（ＮＧＯ）である

「マレットファン」。タイ人のムアイさん、ギップさん、日本人の松尾久美さんの3人で設立されたこの団体は、「子どもにかかわるおとなを支えることが、子どもを最も支えることになる」という考えのもと「現場のおとなが、今求めるテーマに応じて学ぶ機会の提供」「格差社会の中で孤立しがちなおとな同士の交流の場づくりを目指す研修会事業」「しつけのためでなく子どもたちが自由に学び楽しめる絵本の普及事業」を軸に、現地で活動しています。

久美さんは、私が中学1年生の時に参加したタイの少数民族の村を訪れるスタディツアー（これが私の初海外体験でした）に当時大学生スタッフとして同行してくれていた昔馴染み。私がホームステイ先で強烈なホームシックになって今にも泣きそうだった時にサポートしてくれた、頼りになるお姉さんです。

急がれる移民の子たちの教育保障

到着の翌朝、早起きしてミニバスで向かったのは、バンコク郊外の漁港・マハーチャイ地区。ここは、「タイのエビはほとんどここから」というぐらいエビの養殖が盛んで、その仕事にミャンマーからの移民の人々が多く従事しています。

まずは、ここで移民労働者の包括的な支援を行っているLPN（Labour Rights Promotion

Network）へ。代表のソンポンさんにごあいさつをし、ここから、LPNが関わっている学校や学習センターを回ります。

最初に訪ねたのは、公立のワットガンプラースクール。幼稚園～中3までが通い、全校生徒の約半数が移民の子どもたち、という学校です。移民の子どもの受け入れを始めて20年。当初は制度がなかったものが、LPNの申し出で貸し教室からスタート。その後、県の方針ができ、学校の正式な生徒として受け入れることになったそうです。

現在、タイでは合法・非合法・国籍の有無を問わず、移民の子どもたちの学費はタイ政府によって保障されています。ただし、小学校1年生に入るには、タイ語で読み書きができること、という条件があります。だからこの学校では、「進級準備クラス」があり、そこでタイ語を教えています。この「進級準備クラス」には公費はつかず、また、年度当初にいなかった子にはその年は制服などの支援がつかないため、予算が足りないところは、LPNが近隣企業と提携して支援プロジェクトをつくり、保障しているという状況です。保護者の仕事が安定しないために、突然家族ごといなくなってしまい、その後追跡できない子どもたちもいるのだとか……。

母国に帰ることを前提に、ミャンマーの言葉とカリキュラムで学習する「学習センター」に通う子もいます。また、少数民族の子どものため、その言葉や文化による学びの保障にも取り組んでいます。これらもお寺の慈善事業や、NGOのファンドによって運営されている状況で、公的保障が実態に追いついていない現状が垣間見えます。

次に、お寺の敷地を間借りして開かれている、ミャンマーの少数民族・モン族の子どもたちのための「学習センター」へ。移民の人たちの中には、タイに定住する人もいますが、ミャンマーに帰るつもりで出稼ぎをしている人や、先々どうするのか決まっていない人たちもいます。そのため、子どもたちの中にも、タイの学校に通う子もいれば、ミャンマー語でミャンマーのカリキュラムで学習する学校（学習センター）に通う子もいます。

しかし、ミャンマーのカリキュラムで学ぶ「学習センター」でも、少数民族の言葉や文化に根ざした学びは保障されません。そこで、モン族のための学習センターとして、できたのがこの場所でした。タイ国籍のモン族のルーツの方が創始者となり、お寺が場所を提供し、手弁当で開かれているところに、たくさんの子どもたち（120人ほど）が集まって勉強していました。「移民というマイノリティの中でも、少数民族はさらにマイノリティなんだね……」「民間で手弁当とはいえ、この場所が成り立ってるってすごい」といった声が参加者から聞こえてきました。

これらの活動を主催・支援しているLPNの代表であるソンポンさんは、こんなふうに現状とビジョンを語ってくれました。

「教育支援が必要なのは、『放っておくと強制労働の対象になってしまう』『虐待を受ける可能性が高くなる』『人身売買の対象になる』といったことを防ぐため。そして教育を受けることで、雇用の対象になることができる。

10年前の子どもたちは、夢を聞けば『エビを売りたい。お金がもらえるから』と言っていた。今は、サッカー選手、服飾デザイナー、先生、バレーボールの選手、通訳（タイ―ミャンマーの）、医療機器の開発者になりたい……という子たちがいる。以前は、将来がイメージしにくかったけれど、学校に行くようになり、将来の計画ができるようになった。

移民の親たちは単純労働の担い手として、タイに来ている。子どもたちは通訳やマネジメントなどの仕事もできるかもしれない。それによって貧困の連鎖を止める。少数派ではあるが大学に進学した子たちがそろそろ卒業する。ロールモデルになってほしい」。

オルタナティブな学びを望む家庭

バンコク市内をミニバスで進み、「Tawsi school（トーシースクール）」に到着すると、駐車場には、ベンツやフェラーリがズラリ。「おお……」と驚く一同。校内に入ると、今度はヤシやバナナの木が茂り、きれいなテラスがある、リゾートのような素敵な空間が広がっていました。

一昔前と違って「学校に通う」ことは、移民の子どもたちの一部を除いて、基本的に保障される社会になったタイですが、その教育内容は一斉画一授業の詰め込み型であることが多く、体験的な学びやアクティブ・ラーニング、全人的な教育への転換が求められています。そんななかで、富裕層の親たちは、「よりよい教育」を求めて私立の幼稚園や学校へ子どもたちを送っています。なかでも、モンテッソーリやシュタイナー教育などのオルタナティブ教育は人気があり、私たちが訪問した「トーシースクール」も、仏教をベースにした独自の教育理念とカリキュラムを持つ有名なオルタナティブスクールでした。

まずは幼稚園クラスの朝の活動の様子を見せてもらいました。国旗掲揚・国歌斉唱が毎日あり、これはこの学校の特徴ではなくタイ全土でそうなっているのだそう。先生たちは大きな声も出さず、静かに振る舞っていて、100人以上いる幼稚園年齢の子どもたちが落ち着いて活動に参加していたのが印象的でした。この日は、理科フェスティバルの日で、高学年の子どもたちは特に「聞く」ということをテーマに、様々な場所につくられた学習コーナーをめぐるスタンプラリーをしていました。私たちも少し体験させてもらいます。おもしろかったのは「デシベルゲーム」。カードを引くと、動物とデシベルの数値が書かれてあり、その動物の鳴き声でデシベル計の数値がピッタリになるように鳴く、というものでした。他にも、ボードゲーム、クイズ、体を使ったアクティビティなどが展開されていました。

会議室で、校長先生、教頭先生、そしてマレットファンの研修にもよく参加しているというジェイ先生が学校について説明してくれました。生活に溶け込んだかたちで仏教の教えをいかに自然に感じられるようにするかを大切にしていることや、保護者の教育も大事だとの考えから保護者研修に力を入れているということ、さらに2つの外面（身体とコミュニケーション）と2つの内面（心と知恵）の育ちを目指して実践しているという、教科横断型のテーマ探究学習について詳しく教えていただきました。

印象的だったのは、テーマ探究学習の中で、「恩義」を扱うということ。自分を生かしてくれている親や友達や地域や食や自然に思いを馳せられるよう、例えば「生卵をつぶさないように3日間ずっと持って過ごしてみる」「お米を育てて一粒一粒の大切さを知る」「自分の家族の歴史やルーツをさかのぼってインタビューする」というような様々な取り組みを、学年／発達段階に応じて開発しているのだそうです。

アジアらしい世界観と取り組みで、オルタナティブスクールと言っても、日本やヨーロッパのそれとは違う、独自の発展・進化があるのだなぁと、とても興味深く感じました。「宗教の影響を各所で感じるけれど、〝信じる〟ということは思考停止とどう違うのか。宗教は社会を変える力になるのか、それとも問題も含んだ社会の現状を肯定・維持することに役立つのだろうか？」そんな会話が参加者の間で交わされていました。

仏教国の中の、ムスリムの学校

スラオ・サムイン小学校では、訪問してすぐ、面食らってしまうほどの熱烈歓迎を受けました。ここは、200年以上の歴史を持つムスリムコミュニティに隣接しており、生徒の5人に1人がイスラム教徒です。通された応接室には、なんだか大勢の大人や子どもたちが……。聞けば、学校の先生や、モスクの方や、地域代表の方まで集まってくださったようでした。ひらがなで「いらっちゃいませ（……惜しい！）」と書かれた垂れ幕の前で、ムスリムの文化に触れる活動の一環でつくられたという激甘のミルクティーとスパイシーなケーキを振る舞っていただき、子どもたちのバンド演奏を（多分5曲ぐらいたっぷり笑）聴かせてもらいました。

さらに言われるがままに、図書室に移動。何が始まるのかと思ったら、ドラえもんやのび太くんなど日本のアニメキャラクターに扮した子どもたちの寸劇（コミカルな出し物を先生たちは爆笑しながら見ています）、タイの各地域の伝統舞踊の披露、そしてプレゼントとして、一人に一つ、ミルクティーとサラダセットが入ったお土産をいただきました。教師主導な感じが強く「おいおい」と思ったところもあったのは事実ですが、

■ムスリム地区に隣接する公立学校

それらの出し物を仕込み、子どもたちのパフォーマンスにハイテンションで拍手を送る先生たちのパワフルさに、子どもたちも私たちも巻き込まれ、いつの間にかみんな大笑いの楽しい空間ができていました。

■ムスリムの学校の子どもたち

サプライズ歓迎会が終わり、学校の説明が始まりました。「共生を基盤にした教育施設であること。よき人を育てること。グローバル社会に通用する人を育てること」が学校の理念。生徒だけでなく、先生も、26人のうちムスリムの方が7人。長い先生は20年、30年とここにいて、コミュニティとのつながりも深く、教職員も家族のようなものだとおっしゃっていました。このコミュニティは昔から、文化の違い、宗教の違いを超えて、冠婚葬祭を手伝い合うなど、仏教徒とイスラム教徒が自然に共生してきたのだそうです。タイのムスリムにはマレーシア国境沿いにいるマレー人のムスリムと、バンコクに昔からいるムスリムの2つがあり、後者はタイ国民としての意識も高いのだそうです。この学校も、土地やお金の寄付があって建設できたのだそうで、寄付者には地元企業の他、仏教徒の人も多く含まれていたのだとか。ちなみに、学校名に入っているスラオとはモスクという意味。ワット○○という名前の学校も非常に多く、ワットとはお寺のことです。

授業の雰囲気を見学させていただくと、ヒジャブをかぶった女の子や、小さな帽子をかぶった男の子が多く目にとまりました。タイの学校には、仏教のお祈りの時間がありますが、この学校では、その時間、ムスリムの子どもたちは自分たちの方法で自分たちの神にお祈りをします。また、ムスリムの子どもたちは、平日放課後は午後4時から6時まで、土日も朝から夕方まで、モスクでコーランの勉強をするのだそう。それに学校の宿題まで加わると負担がとても大きいということで、ムスリムの子どもたちには宿題についてはあまり厳しくしないということが教師間で共有されているのだそうです。

〝元・スラム〟で暮らす子どもたち

タイでは、1980年代の急激な工業化に伴い、都市部において多くの労働力が必要とされ、主に地方農村からの出稼ぎ労働者が、荒地や湿地に簡易住宅をつくり、生活するようになります。これらの、かつてスラムと呼ばれた貧困地域は、今は密集地域と呼ばれるそうです。水道・電気などのインフラが整い、各自治体に地区登録され、ひとつの生活空間として社会に認知されています。しかし、日雇い、不定期労働をはじめとした不安定な雇用状況は改善されておらず、一部の成功者は地区外に移動するため、経済的に困難な家族の暮らす地区としての課題は依然として残っています。教育面でも、中学校中退、麻薬、暴力などをはじめとした少年非行など、一般地区よりも多くの問題を抱える地域です。

その一つ、スワンオイ地域で、もう30年近く、NGOなどの支援を受けて運営されている保育園を訪ねました。道路沿いの、長屋のような感じの建物が、保育園。道路沿いの壁面には、くじらやタコなど海の中の様子の絵が描かれています。屋内も壁は明るい色に塗られ、トイレの扉にはカエルの絵があります。園長先生は、もう何十年もここで子どもたちと家族をサポートし続けているという女性で、とても尊敬されているそうです。この日は、「マレットファンの人たちと日本からのお客さんが来て、一緒に工作遊びができるよ」と呼びかけてくださっていて、時間になると続々と地域の親子連れがやってきてくれました。

工作は久美さんたちが紙パックやトイレットペーパーの芯、折り紙などを準備してくださっていて、それでうさぎやペンギンや動物をつくるという、小さな子たちも楽しめるもので、私たちはそれのお手伝いをしながら、集まってきた地域の親子連れと言葉が通じないながらも交流し、笑い合いながら時間を過ごしました。ギップさんが、日本で人気の絵本「ぴょーん」をタイ語で読みます。カエルやねこやバッタが「ぴょーん」と飛び上がると、日本の子どもたち同様、タイの子どもたちも、けっして広いとは言えない保育園の教室で一緒に「ぴょーん！」と飛び上がります。こういうところ、マレットファンの3人は、本当にプロフェッショナルです。ちなみにマレットファンのメンバーは日本の、特に大阪の保育士さんたちとの交流の中で、保育の技術や考えを学んできたと言います。日本の絵

■保育園の子どもたちと工作遊び

本をよく使っているのもそんな事情からです。それから、タイの絵本は道徳的な内容のものが多く、こういう、楽しく、子どもの世界に寄り添うようなものは、まだまだ少ないのだそうです。

こんなふうに、遊びや空想の世界に浸ったり、他愛無いことで大笑いしたりするような時間は、世界中の子どもたちにとって、共通してとても重要なことだと改めて感じます。タイであっても日本であっても、いろんな意味で保護者にゆとりのない環境で育つ子どもたちにとって、それは失われやすいものでもあります。

この地域では、進学率も就業割合も昔と比べてかなり高くなったものの、なかには麻薬の売買に手を染めてしまう卒園生や保護者もいるそうです。裕福な家庭の子どもたちは、たとえ住んでいるのがこの地域の近くだったとしても、あえて違う小学校を選んで通うため、社会階層の異なる子どもたちが学校で出会うことはなく、混ざり合って過ごすことは少ないのだと言います。トーシースクールの子どもたちと、この地域の子どもたちの両方と出会い、「同じ国の中で、世界が分かれてしまっている。これでいいのだろうか」と、悶々とした思いが湧いてきました。

しかし、もう一方で、日本も似たようなものなのではないかとも思えてきます。不登校の数が高止まりするなかで、「教育を選べるようにしよう」という議論が生まれてくるのは自然なことで否定できることではないと感じます。ただ、その流れのなかで、新しい分断が生まれることは必至です。私たちは、「教育を通してどんな社会をつくりたいのだろうか」と、自問自答を続けていく必要があるのだと思います。

シンガポール

資源の少ない小さな国でありながら経済的に成功し、アジアの中でも大きな存在感を放つ国・シンガポール。ICTやSTEAM教育に強く、「アクティブ・ラーニング」型の教育が進んでいると、日本でも注目されています。また、PISAにおいて高いパフォーマンスを誇っていることでも知られているところです。

訪れたチェンファー中学校（公立）は、バリアフリーの行き届いた、広々とした校舎でした。通していただいた教室で席に着くと、手元に一つずつiPadが配られました。そこに表示される情報と教室前面に映し出されるスクリーンが対応しています。初めて訪れたのは2016年でしたが、タブレットPCが1人1台整備されているというのは、この頃すでに当たり前になっていました。

1人1台の活用で学びを豊かに

簡単な学校紹介の後、いくつかの教科の模擬授業を、各教科の先生がしてくださいました。地理では、地図上の距離と実際の距離の「縮尺」を理解することをめあてとして、先生がクイズを出し、生徒（私たち）はその回答を、手元のiPadで答えます。すると、その結果が瞬時に画面に表示され、クラス全員のうち「A」と答えたのが何人、「B」「C」が何人と、即座にみんなで確認することができます。参加者も、このやりとりには興味津々。生徒の関心を惹きつけたり、匿名で回答を表示したりすることでクラス全体の理解度を把握することにも有効で、たびたび活用しているという説明がありました。

お次は数学。アプリを使って図形を描き、例えば三角形の辺の長さを変えると角度がどう変わるかなど、構造を理解すること。ゲームをしているような感覚で、すいすい描けてしまうことに、ついついはしゃいでしまう生徒役の皆さん。実際には、iPadの操作の理解だけで終わるのではなく、ノートに鉛筆やコンパス、定規などを使って書くことも授業で行い、テストは紙に記述するかたちで評価を行うとのことでした。iPad操作は、導入として取り入れられており、生徒が素早く簡単に図を描き、残りの時間をその図形の構造の理解や分析に充てることで学習の効率化を図ることができる、ということでした。

そして、科学。「Team-Based-Learning（略してTBL）」という指導方法の紹介をしていただきました。従来の学習は、予習―授業―復習（もしくは宿題）というかたちを繰り返し、テストを行う方法で行われてきました。授業では、インプット中心のものが多く、どうしても学習者が受け身になってしまう光景も多く見られます。TBLは、それを反転させたかたちで行われ、従来の教育方法とは異なる指導方法として位置づけられています。ここまで聞いて、これは日本では「反転学習」と呼ばれている方法のことだなと気づきました。

TBLでは、授業の前に各自で教科書を読み、ノートに内容をまとめておき、課題や疑問をピックアップしておきます。学校での授業では個人で事前に行った学習の内容を用いて、チームで問題解決やディスカッションなどの活動を行います。この先生の授業では、そういったTBLの学習形態をとりながら、チームで調べ学習をする際に有効な手段として「edomodo」

というアプリも取り入れているとのことでした。edomodoは無料の学習オンラインアプリです。オンライン上で動画やテキストを共有することができるため、意見を交換したり、その日授業で使った教材をネット上に共有したりすることもできます。生徒にメールアドレスをつくってもらい、そのアドレスで一人一つずつedomodoのアカウントを取得します。ノートをアップすることもできるため、学校に出席できなかった生徒がこういったツールを通して授業に参加することもできるそうです。

こうした学習は、GIGAスクールの導入によって、日本でも急速に進もうとしています。1人1台端末は当然、万能ではありません。ですが、子どもたちの実態をよく捉えながら、有効に活用されていくことで、学習者である子どもたちのセーフティネットとなり、学びを豊かにするツールになりうるものだと思います。

魅力あふれる学校施設

続いて、先生たちに案内していただき、学校内を見学しました。授業の様子は、教室によって、グループディスカッション中のところ、タブレットを活用した一斉指導が行われているところ、先生の発問を中心にわいわい教室全体で話が盛り上がっているところ、など様々。

校内にはシンガポールの観光シーンで人気のホーカーズ（屋台村）のような、半野外の食堂スペースがあり、多民族国家のシンガポールらしく、中華料理、ケバブ、インドカレーなど、いろいろなランチを選んで食べられるようになっていました。

■中学校内にフィールドアスレチック!?

また、印象深かったのは、その中学校のいたるところに、フィールドアスレチックのような設備があったことです。壁がボルダリングのコースになっていたり、建物と建物の間（空中！）に木とロープでつくられた吊り橋がかかっていたり……。聞くと、生徒たちは命綱をつけて、チームでの協力や自己との対峙を伴うアクティビティに取り組むのだそうです。この学校の特色の一つとして設置したのだとか。

日本でも〝プロジェクトアドベンチャー〟と言われる冒険教育の手法と考え方が一部の先生の間では実践されていますが、野外教育施設に行ってやるような本格的なアクティビティが学校でできてしまうことに驚きました。

職員室も日本とはかなり違っていました。イメージとしては、シェアオフィスを思い浮かべていただくといいかもしれません。先生一人につき、2m×2mほどの間仕切りされたブースのような空間が充てがわれており、その中に個人のデスクがあります。各先生は、ブースの中にパソコンや教材、文具などを思い思いにレイアウトし、好きにデコレーションしていました。家族の写真があるブース、プーさんのぬいぐるみやグッズで埋め尽くされたブース、物の少ないシンプルなブースなど、かなり個性的です。

職員室の奥には、先生たちがコーヒーブレイクできるスペースがあり、休憩やおしゃべりはそこでするようです。その奥には、私物を入れられる冷蔵庫があるのですが、ハラールフード（イスラム教の人が食べる食べ物）用の冷蔵庫もありました。こうい

■個性豊かな職員室

ったところにも、多民族国家である一面が見られます。

グローバルに活躍できる素地をつくる

私自身が現地に行って最も強く感じたことは、国や産業社会の要請に学校教育が機敏に応えているのだな、ということでした。

資源も乏しい小国であるシンガポールは、その独立の際から、グローバル企業のアジア拠点としてのポジションをとることや、IT立国、STEAM強化を標榜していました。

例えば、STEAM教育においては、国立のサイエンスセンターがリーダーシップをとり、導入の旗振りやサポートをしていますが、これはそういう国家戦略に基づいています。金融教育、2言語・グローバル教育、起業家教育が進んでいることも同じ背景。小さな国であるため、むしろ「小回りの利く」国家運営ができており、そのなかで教育は重要な位置に置かれていると言えると思います。

このように〝テクノロジーに強いグローバルな人材〟を育てるという明確な方針のもと、各学校での教育活動が進められていると言えます。

前述のように、ICTが大いに活用され、アクティブ・ラーニングが重視され、かなり進んでいる印象を持つシンガポールの教育ですが、もう一方で集団行動や奉仕活動が重視されるという側面も持っています。これは、東アジアの文化的特徴として捉えることもできますが、シンガポールが多民族国家であるということとも無関係ではありません。

シンガポールは華僑の人たち、インド系、ムスリム系、マレー系など、様々なルーツを持つ人たちが混在している社会です。それがゆえに、シンガポール人としてのアイデンティティと一体感を国民に持たせる必要がある、という面もあります。英語が公用語となっている背景にも、対外的な国家戦略だけでなく、そのような国内事情もあるのです。

小さい頃から、異なる背景の言語や文化を持つ子たちの集団で暮らすことが普通で、お話しした先生は「何か対立や齟齬があれば、その子自身が自分の口から伝えられる場を先生がつくります。そうすることによって、子どもたち同士でお互いのことを知りたいという気持ちを育むことができる」とおっしゃっていました。そのような積み重ねが、〝シンガポール人〟としてのアイデンティティを育み、大人になったときにグローバルに活躍できる素地をつくるのではないかと感じます。

現地の方が語る課題は……

一方で、エリートコースか職業コースかの分岐点になる統一テストが、小学校の最終学年という、とても早い段階で行われ、学校教育の競争・選別機能が強いことは、現地の先生方からも課題として語られていました。シンガポール人の友人は「30歳を過ぎても高校名で判断される。小さな国で、高校名と学力レベルをみんな知っているから」と嘆いていました。

欧米と比べれば近い文化圏であるシンガポールの現状から、何を学び、何を反面教師にするのかは、私たちの価値観が問われるところだと思います。

フィンランド

フィンランドの教育といえば、日本では「詰め込みじゃないのにPISAの順位が高い！」と注目されてきました。「格差が小さく、ゆとりのある環境の中で、自分で考える力を育む教育」。そんなイメージをお持ちの方が多いのではないでしょうか。PISAの順位はその後日本の方が上位になっていますが、当のフィンランドではあまり気にされていないようです。では、現地で大切にされていることや、特徴的なポイントは、どんなことなのでしょうか。私が感じてきたことをいくつかご紹介します。

重視される平等主義

他の北欧の国と比較しても、フィンランドの教育システムの特徴は、なんと言っても「平等」に大きく重点を置いているところだと思います。私学はほとんど存在せず、子どもたちは基本的に「地域の公立学校」に通います。

これは、学校の民営化が進むスウェーデンや、各家庭が理念や方法によって学校を選ぶことも多いデンマークとは異なるスタンスです。人種や民族、貧富の差や居住地に関係なく、すべての人が平等に質の高い教育や訓練を受けられるということが大切にされます。そして、確かに少なくとも私の出会ったフィンランドの人々は、「僕らの国では、どの地域でも平等に質の高い教育が受けられる」という実感を持っているようでした。

フレキシブルな時間・空間の使い方——教師が持つ大きな裁量

もう一つの特徴は、教師の専門性の高さと現場裁量の大きさです。いっとき〝フィンランドメソッド〟として、現地の教育方法が日本でも紹介されましたが、実際にはフィンランドの学校の教室で行われている授業は実に様々です。それは、それぞれの教師が、目の前の子どもたちの様子を見ながら、方法を決めたり変えたりしていくため。ある総合学校（小・中学校・幼稚園・特別支援学校が同じ校舎に入っています）では、私たちが訪問した際、子どもたちが廊下やフリースペース、教室の中など、様々な場所で過ごしていました。

ちなみにこの時は授業時間中。フィンランドでは、このように先生から「この時間で何をするか」の指示を受けた後、校内に散り散りになって自分たちが学びやすいように学ぶ、というのは一般的な光景です。壁に絵を描いたり、展示をしたりしている子たち、廊下のロッカーに座ってパソコンを開いて作業しているグループ、メジャーでいろんなところを測っている子たちなど……。

「目が行き届かないのは不安じゃないですか？」という問いに、先生は「課題の進み具合や深まり方は見えるので、あまりにはかどっていなかったら教室でやるように指示するときもありますが、子どもたちはだいたい自分で進めていきますよ」と答えてくれました。

■スタッフルームでお茶をする先生たち

時間割もかなりフレキシブルで驚かされました。壁に貼ってあった時間割に「×」印がついているところがあったので質問してみたところ、「そこは、その時の子どもたちの様子やリズムを見て決める」のだとか。

また、先生たちの得意・不得意な科目によって、隣のクラスの先生と教える授業を交換したり、学習内容によって2クラス合同にしたり……ということも先生同士で相談して気軽に行うのだそうです。

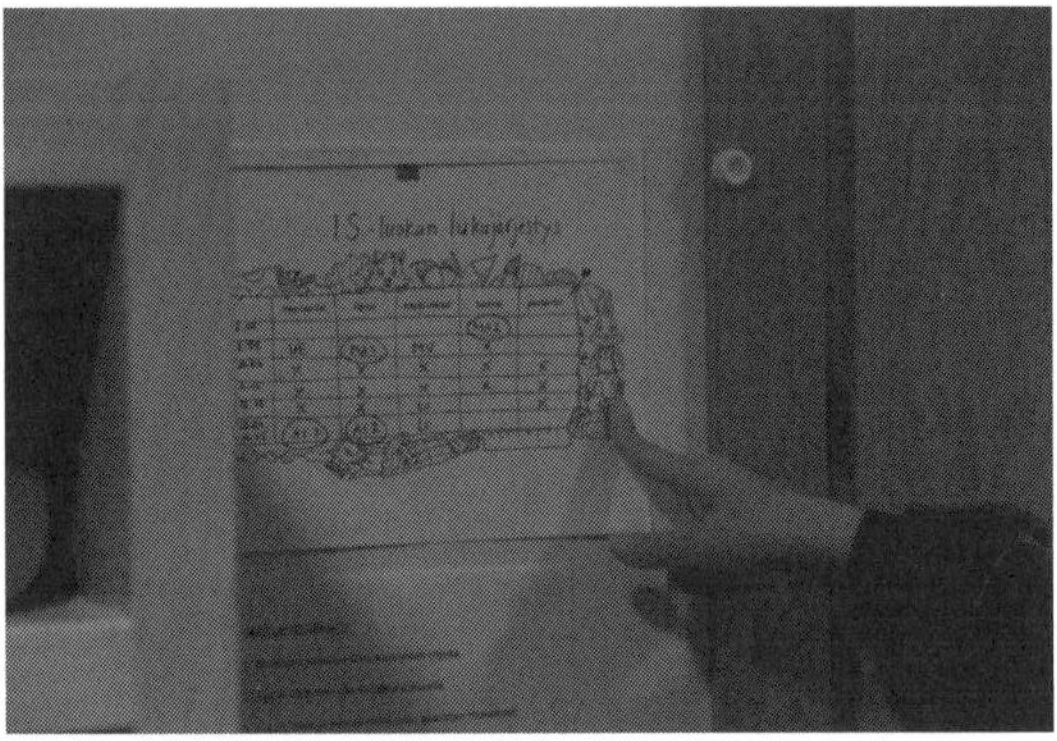
■フレキシブルな時間割

3年生のとあるクラスでは、月曜日の朝はクラスの半分の子どもだけが1時間目に来て算数をやり、残りの子たちは2時間目から登校。水曜日はその逆……というかたちにすることで少人数での授業を実現していました。なんと融通のきくことでしょうか……。

こういうことは、調整が必要な部分はあるものの、基本的には担任の先生の一存で決めることができるのだそうです。教師が専門性の高い仕事として広く認められているからこそできることであるとも感じます。

放課後を支える場・ユースセンター

青少年・若者の余暇施設＝放課後の時間の居場所・活

動の場として、「ユースセンター」と呼ばれる場所も訪問しました。

私自身は、フィンランドだけでなく、スウェーデンやデンマークでもユースセンターを訪問したことがありますが、「ユースカルチャー（若者文化）」が大切にされ、それぞれが好きなことを思い思いに、共に楽しめる場所であり、若者たちが若者時代を謳歌することを環境的に保障する機能があります。ユースワーカーと呼ばれる、若者たちに寄り添いながら様々な相談に乗り、自主的な活動を支える専門家がいるのも特徴です。

■ユースセンター

親でも先生でもない、頼れる大人がいる安心感。職員さんは「若者たちのセカンドハウスのようなところでありたい」と表現していました。ここの職員さんはそれぞれ、ずっと教育畑にいたわけではなく、建築系やサービス業など別のキャリアを経て今の仕事に就いているとのことで、自分の経験も踏まえて子どもたちの進路相談に乗ることもあるそう。何より、子どもたちが社会で生きていくサポートをする！　という熱い思いを持っていらっしゃるのが印象的でした。

日本で青少年の放課後の居場所というと、中高生になると足が遠のく……という実態があると思います。このユースセンターはその点、クラブイベントができるダンスホール（ミラーボールがあって雰囲気抜群！）があったり、ビリヤードができる薄暗い部屋があったり、「背伸びしたい、ダサいことはしたくない思春期の若者」が十分楽しめる雰囲気がありました。

場所のつくりや開催するイベントなども、利用している子どもや若者が考えて決めることも多いのだとか。また、趣味の共通する仲間とクラブやサークルを立ち上げて活動することもできます。

■「国民の居間」と表される図書館の様子

「生涯学び続ける」が当たり前の社会

フィンランドには「人は生涯学び続けるもの」「よく生きることとよく学ぶことはつながっている」「余暇活動も学びである」といった価値観が根づいています。

例えばフィンランドの図書館は、人口比での利用者数も本の貸出量も日本の約5倍。「国民の居間」と言われ、人々の生活の重要なインフラになっています。冒頭の平等主義に話を戻せば、いつでもどこでも誰でも学び（知や経験）にアクセスできることが非常に重要で、それが「QOL（生きることの質）」を支えるのだと考えられています。このことは、私がフィンランドや北欧の社会から学びとったエッセンスのひとつです。

＊　＊　＊

ここまで、2章・3章を通じて、日本の8つの教育現場と、海外の7つの国で私が見聞きし、感じ、考えてきたことをつづってきました。一点ご理解いただきたいことは、ここに書けたことはほんの一部でしかなく、さらに私の主観が大いに入ったものである、ということです。もちろん、事実関係に誤認がないか、情報が古くなっていないか等、現地コーディネートにご協力いただいた皆さんにご確認いただいたり、調べ直したりするなどして、最大限注意して書いたつもりですが、いずれも見学できた日数や時間には限りがあり、その範囲で書き上げたものです。

そもそも、特に海外でのEDUTRIPにおいては、現場で見たもの、聞いたことをすんなり理解するのは、実は難しいことです。その国の社会制度や文化など「前提」がわからないことが多く、また疑問に思った時に言葉の壁が邪魔になり、込み入った質問をパッとしづらいこともあるためです（さらに1時間の意見交流の時間があっても、通訳が入るとやりとりできる時間は30分になります）。私自身、同じ国に数回訪問して、やっと理解できたことも少なくありません。これはEDUTRIPの参加者からも、「もっと事前学習をしてくればよかった！」「もっと英語ができれば……」と悔しい声が聞こえてくるポイントでもあります。

ですが、EDUTRIPで私はいつもこう言っています。

「現地にいられる時間は限られています。だから、一般的な情報や、後で調べてわかることは、疑問を書き留めておいて、ホテルで、もしくは帰国後に調べましょう。この空間に立って、自分の目と耳で、肌で、空気ごと感じられるのは今だけなので、それを大事にしましょう」。

「先生やスタッフの方、子どもたちに質問できる時間は限られています。目の前にいる人に、この人にしか聞けないこと、この人自身の思いや考えや経験を聞きませんか？」と。

この本では、たくさんの事例を書いたので、一つひとつについて、その学校や現場、その国や社会の、前提情報を十分に盛り込むことはできていません。また、私自身は一つの現場や国に精通しているというよりは、いろんなところを知って、比較もしながら、学んできた人間ですので、それをしようと思っても、きっと限界もあろうと思います。ですので、この本で興味を持っていただいた方は、これをきっかけにして、ぜひご自身で一つひとつの現場や国のことを、さらに深く広く学んでください。巻末の参考資料はその際に役立てていただければと思います。

4章

民主的な教育が、民主的な社会をつくる
——私が共鳴してきた教育の共通点

ここまで、これまで私が出会って感動し、共鳴してきた様々な学校や教育、子どもや若者たちの学び育つ環境づくりの取り組みを紹介してきました。この章では、これらの教育の中に見出せる共通点をいくつかの柱を立てて、整理していきたいと思います。次ページの図のイメージを参照してください。もちろんすべての現場がすべての項目に当てはまるということではないかもしれませんし、大いに主観的なものです。そういう意味では、むしろ、様々な現場やそこをつくっている人たちとの出会いの中で、私自身が構築してきた価値観の整理、とも言えるのかもしれません。また、どの項目も、独立したものというよりは、互いに影響し合いながら、成り立っているものだと思います。

目的としての「Well-being」と「Democracy」

教育の先に何があるのか。何を目指して教育をしているのか。そう問われたら、読者の皆さんだったら、何と答えるでしょうか？　ここまで取り上げてきたような教育を踏まえて、私の中に浮かび上がってくるのは、「Well-being」と「Democracy」という言葉です。

「Well-being」とは、直訳すると「よく在ること」ですが、「幸福」と意訳されることが多い

言葉です。身体的にも精神的にも社会的にも、良好な状態にあることを指し、その瞬間の幸せを表す「Happiness」とは違い、持続的な幸せという意味が含まれます。世界保健機関（WHO）憲章の前文では、「健康とは、病気でないとか、弱っていないということではなく、肉体的にも、精神的にも、そして社会的にも、すべてが満たされた状態（well-being）にあること」をいうとされています。

研究者の武田信子さんは、子どものWell-beingは、「その子どもが生まれ育つ環境の中で、さまざまな生きる上での困難はあったとしても、自分で工夫して人生を切り拓いていける自己効力感とそのための社会資源を持ち、基本的に幸福を感じながら希望を持って生きていける状態」とおっしゃっています（出典：武田信子、ｎｏｔｅ記事「一般社団法人ジェイス設立」２０２1年5月8日より引用）。また、Well-beingを阻害する環境に子どもたちを置いておくことを「マルトリートメント（不適切な取り扱い）」と言い、教育の剥奪はもちろん、教育の強制・やりすぎ（教育虐待）もそこに含め、いずれも予防されるべきものとして問題提起を続けておられます。社会変化が進む中で、何が子どものWell-beingを促進し、何が阻害するのか、注意深く考え続けていく必要があると思います。

「Democracy」は民主主義ですが、3章のデンマークのパートで述べたように生活の言葉としてのDemocracyをイメージしています。これは、自分のニーズを捉え、意思を持ち、それを表明しながら他者と関わり、コミュニティや社会をつくる力を得ていくということです。社会の側にとっては、平和で民主的な社会や文化を維持・向上させていってくれる次代の担い手を育む、ということになります。

これまで私が訪問させていただいた多くの学校、特に3章で紹介した海外の教育現場においては、民主的な環境の中で子どもたちを育み、民主的なコミュニティや社会をつくっていける人として力をつけていくことを、教育者の側が重視していると感じることがとても多かったです。競争に勝ち抜くためでも、世の中から評価されるためでも、他人に迷惑をかけないためでもなく、Well-beingやDemocracyが真ん中に置かれた教育が、私は素敵だなぁと感じます。

今ここと、将来が幸せであること

学校や教育は、将来に備えて、準備すること。そんなイメージが私にはありました。今大変でも頑張ればいいことがあるというメッセージは、日本社会ではめずらしいものではありません。そして、一昔前は、それはある程度正しかったのかもしれません。右肩上がりの経済成長の中で、頑張って勉強して、受験して、就職活動をして……。そうすると、少なくとも経済的な安定が待っていると信じられる社会状況があったのではないでしょうか。ですが、そこへの信頼は今相当に揺らいでいるでしょうし、多くの人が貧しかった時代と比べて、たくさんお金が得られたら幸せになれるという価値観も薄まっていると思えます。

そんな中で、「将来のため」を掲げて、子どもたちに今苦痛だと感じることを強いるのは、昔以上に残酷なことになっていると思います。じゃあ、どうすればいいのか。学ばなくていいのか。そうではありません。学ぶことが、学校に通うことが、今、楽しいこと、幸せを感じることであれば、教育がマルトリートメントになることはなくなるのではないでしょうか？

もちろん、教育とは、変化を促すことでもあります。「大変だけどもうちょっと頑張ってみよう！」と意図的にリードしたり、「それでいいのか？」と迫ったりすることは出てきます。重要なのはその時に、選択したり決断したりするのはその子本人であるということ、親や教師がその子の人生を肩代わりすることはできないのだということを、大人の側が忘れないことではないでしょうか。

日本では特に、「我慢を経て、何かを達成する」ということが美徳と捉えられるところがあります。それがまったく不要とは思いません。ですが、それも本人が選択することであるべきです。また、今、楽しみながらやっていることが将来にもつながるという学びの環境デザインに、教育者はその専門性をもっと発揮できるといいなと思います。

自分づくりが第一

これまでの活動の中で「自分のしたいことがわからない」「夢がない」という若者にたびた

び出会ってきました。特に、小・中・高と〝優等生・いい子〟をやってきて、大学生になった人に多いような気がします。

自分の欲していることがわかるためには、自分の気持ちを誰かに大切なものとして聞いてもらったり、自分で選択し、決定する経験をたくさん踏む必要があると思います。ですが、自分のニーズを捉える前に「この場ではこうした方がいいな」「これをやったら怒られるだろうな」「先生は、親は、私がこうすることを望んでいるのだろうな」というふうに、誰か他の人や、場の雰囲気に合わせて判断することを、私たちの社会ではたくさん経験しがちです。そして、子どもの時に懸命にそれをやってきても、大学生や社会人になったら、または働き出したら、「自分で考えて、決めなさい」「大人でしょ」と言われてしまう。梯子外しもいいところだと、私は思います。

これまで見てきた教育現場では、その年齢ごとに、子どもたちが自分で選ぶ、決める機会をたくさんつくっていました。また、どうしたいかを本人に尋ね、可能な範囲でそれを尊重する工夫をしていました。個々人の意思やニーズがまずもってあり、それらが食い違った時にはコミュニケーションをとり、互いに心地よいと思える、納得のいく結論を探す。本当の意味での、他者との協調や調和とはそういうものではないかと思います。そうでなければ、何のための、誰のための、調和なのでしょうか。

ちなみに、日本では「夢」というと、だいたい職業を答えることが多いのではないかと思います。また、何か壮大なことを言わねばならないような感じもします。

でも、そうである必要は別にないはず。「サーフィンが好きだから海のそばに住んで、毎日サーフィンがしたい」でも、「アフリカのサファリで、象やライオンを見たい」でもいいはずです。職業というものが、ちょっと幅を利かせすぎている……そんなことはないでしょうか。

中学生時代、「自分には夢がない」と悩んでいる友達がいました。地域住民の方が「最近の子どもは夢がない」と嘆くのを聞いたこともあります。でも、それってそんなに重要なことだろうか？　それで子どもが苦しまなきゃいけないなんておかしくない？　と思うのです。むしろ、些細なことから大きなことまで、子どもたちのニーズや意思を、その時々で大切に聞くということ、子どもたち・若者たちが、自分のニーズがわからないような状況にならないようにすること。その方が、もっと大切ではないだろうかと、私は思います。

逆に、それができていけば、その先に将来は開けていくのではないでしょうか。

ホンモノとつながって、ホンモノから学ぶ

地域をフィールドに何か実際に活動をしてみる。今、世の中で起こっていることについて、当事者や専門家から話を聞く。自分の手でものをつくったり、実験をしたりしてみる。自然の中で観察をする。子どもたちの生活や経験に根ざした身近でリアルなことを教材にする。本や教科書だけでなく、目と耳と頭だけでなく、手や体も心も使って、吸収する。やってみる学びや、実物を通した学び、生活と結びついた学びが大切にされている現場が多くありました。発達段階や認知の特性にもよると思うので、一概には言えませんが、総じて、こちらの方が子どもたちのストレスが低く、また人間にとって自然なのではないかなと感じます。

アメリカの教育学者であるジョン・デューイは、自身が開いたシカゴ大学の実験学校において、実生活と結びついた社会的に意味のある活動（オキュペーション・仕事）を中心に据え、それまでの伝統的学校にほとんどなかった作業場や実験室を設け、道具を用いた木工や金工、機織りや、裁縫や料理といった活動を展開しました。

きのくに子どもの村学園の学園長の堀さんは、プロジェクトをつくる際に、「小学生では特

に、衣食住にまつわるテーマを設定している」とおっしゃっていました。
オランダのイエナプランスクールでは、今まさに、ニュースで取り上げられているようなトピックを子どもたちが選んで教室に持ち込み、対話する「時事サークル」がたびたび行われ、移民に対して「祖国に戻れ」というような発言をした議員に対してどう思うかを高学年の子どもたちが話し合う（しかもその中には移民の子どもたちがいます）というような取り組みが行われています。

頭だけでなく心も体も五感も、全部を使って学ぶという意味でも、学校で学ぶ知識や得られる技術が実生活や実社会において活かされる＝学ぶことによって自分の生活や社会をつくったり変えたりできるようになるという意味でも、ホンモノで学ぶということは大きな意味を持っています。

一人一人の違いが尊重される環境

学習スタイル診断という、アメリカで開発されたアセスメントツールがあります。ビクトリア・キンドル・ホドソンと、マリアエマ・ウィリスという2人の女性が開発したもので、英語では、Self Portraits™と呼ばれています。「気質（学び方の特徴）」「優位感覚」「環境」「興味関心」「才能」の5つのセクションに分けて、その人の学習スタイルを捉えます。

私たちはみんなそれぞれ異なる学び方のスタイルを持っており、マッチした環境や方法を知ることで、学び方や仕事の仕方に生かすことができます。また、親や教師と、子どもの特性の違いを把握することで、より良好なコミュニケーションをとりやすくもなります。「才能」のセクションは、日本でも一部で知られるようになってきた、ハワード・ガードナーが提唱したマルチプルインテリジェンス（多重知性）理論が元になっているなど、発達科学の様々な知見を組み合わせたものです。

例えば、ヨーロッパの学校に行けば、遮音のためにヘッドフォンをしている子の姿を見ることは珍しくありません。また、隣の席との間にパーテーションを立てて、気が散らないようにしている子がいたりもします。バランスボールやバランスボードを使って学習している教室もあります。

また、私が見学したある学校では、授業中、基本的には同じ課題を与えられている状況の中で、廊下でラグを敷いて寝転びながら勉強している子、パソコンを使って打ち込みをしている子、グループディスカッションをしている子たちなど、様々な方法・スタイルで学ぶ子どもたちの姿が見られました。

ここでは、「子ども自身が自分に合う方法を試しながら選び、自分なりにうまく学べるスタイルを見つけていく」ということが重要になってきます。先生や親が固定観念にとらわれすぎずに、子どもたちの学習スタイル構築のプロセスにおける試行錯誤に、支援的に関われるといいなと思います。

他者との関わりの中で違いから学ぶ

フィンランドの現代美術館を訪問した時、小学校高学年と思しきグループと遭遇しました。数人ごとのグループに分かれて、毛糸で製作された立体オブジェを見たり触ったりしながら、楽しんで鑑賞している子どもたち。毛糸でつくられたテントの中では、先生が子どもたちに問いかけをし、子どもたちが箇所箇所を指さしながら、対話が行われていました。

題材やテーマについて、複数人で対話をしながら、答えを出すことに帰着させるのではなく、オープンエンドで探求を深めていくような対話的な学びは、日本でも広がりを見せています。2章で紹介した、自由の森学園の批評の授業などはまさに、他者がいることによって、世界が広がり、自分が豊かになっていく営みであったと思います。

日本でも、対話型鑑賞や哲学対話が注目されています。私自身の経験で言えば、埼玉にある丸木美術館とのコラボレーションで、オンラインで「原爆の図」を見る対話型鑑賞のワークショップを開催してきました。また、子どもと大人が混ざった、哲学対話の場を複数回ファシリテーションしてきてもいます。自分だけでは思いもよらなかった視点や解釈にハッとしたり、他者の過去の体験や意見・考えを知ることで多面的に物事を眺められるようになったり。自分の意見や感覚が変わっていくのは、とてもおもしろい経験です。

「人と違う」ということは、特に日本の文化の上においては、ネガティブに捉えられることも少なくなく、「友達と意見が違う」ことが可視化されることには、時にリスクが伴います。対話型鑑賞や哲学対話は、比較的傷つくことなく、純粋に「違いを楽しむ」経験をたくさん積める実践として、もっともっと広がっていくといいなぁと思います。

たとえばデンマークの、世界中から学生が集まる国際色豊かなフォルケホイスコーレ・International People's Collegeでは、入学したての頃に、それぞれの学生が自分の家族のプレゼンテーションをすることがあるそうです。フィンランドからやってきた学生は、自分は2人のお母さんに育てられたと言います。同性カップルの間で育ったというわけです。また、ある学生は、兄弟が20人いると言ったそうです。アフリカから来た彼の国では、一夫多妻が認められていました。別の学生は「自分のおじいちゃんはラストエンペラー」だと言いました。中国の清朝の子孫だったのだそうです。

異なるバックグラウンドの人たちが集まり、文化や価値観の違いを知り合い、対話し合うきっかけを、そうやってつくるのだとおっしゃっていました。

私のピースボートでの経験もそうですが、異なる考えに触れて、さらに自分の意見や価値観を問い返し、深めていったり、広げていったりするということは、一人ではできないことです。他者がそばにいることの豊かさを享受できるような学びの機会が増えることは、多様な人たちが共に生きていける社会を築くことにもつながっていくはずです。

子どもの参画が当たり前

ここまで触れてきたように、私が出会ってきた学校や子どもの現場には、ルールメイクやコミュニティ内の問題解決などの自治的な活動を子どもたち自身が担い、意思決定のための裁量を持っているところが多くありました。また、学びの中身についても、子どもたち自身が、自らの興味関心や問題意識からテーマを練り出したり、アイデアをまとめたりして企画運営を行う、といった取り組みも多く見られました。このような取り組みをしたいという思いを持つ教育者は、日本の学校や教育現場にもけっして少なくないという実感を私は持っています。

アメリカの発達心理学者のロジャー・ハートは、著書『子どもの参画』の中で、参画の度合いを、「はしご」のモデルを用いて、8段階で提示しています（次ページ）。

特に、下3段が「非参画」つまり、参加しているようでしていない状態として置かれているのが印象的です。これは非常に重要で、これら「非参画」の経験は子どもたちに諦め感や〝参加〟への悪印象を与えてしまいかねません。自己効力感や、自身の人生へのコミットメントを下げてしまうということは、教育的に最悪の事態です。

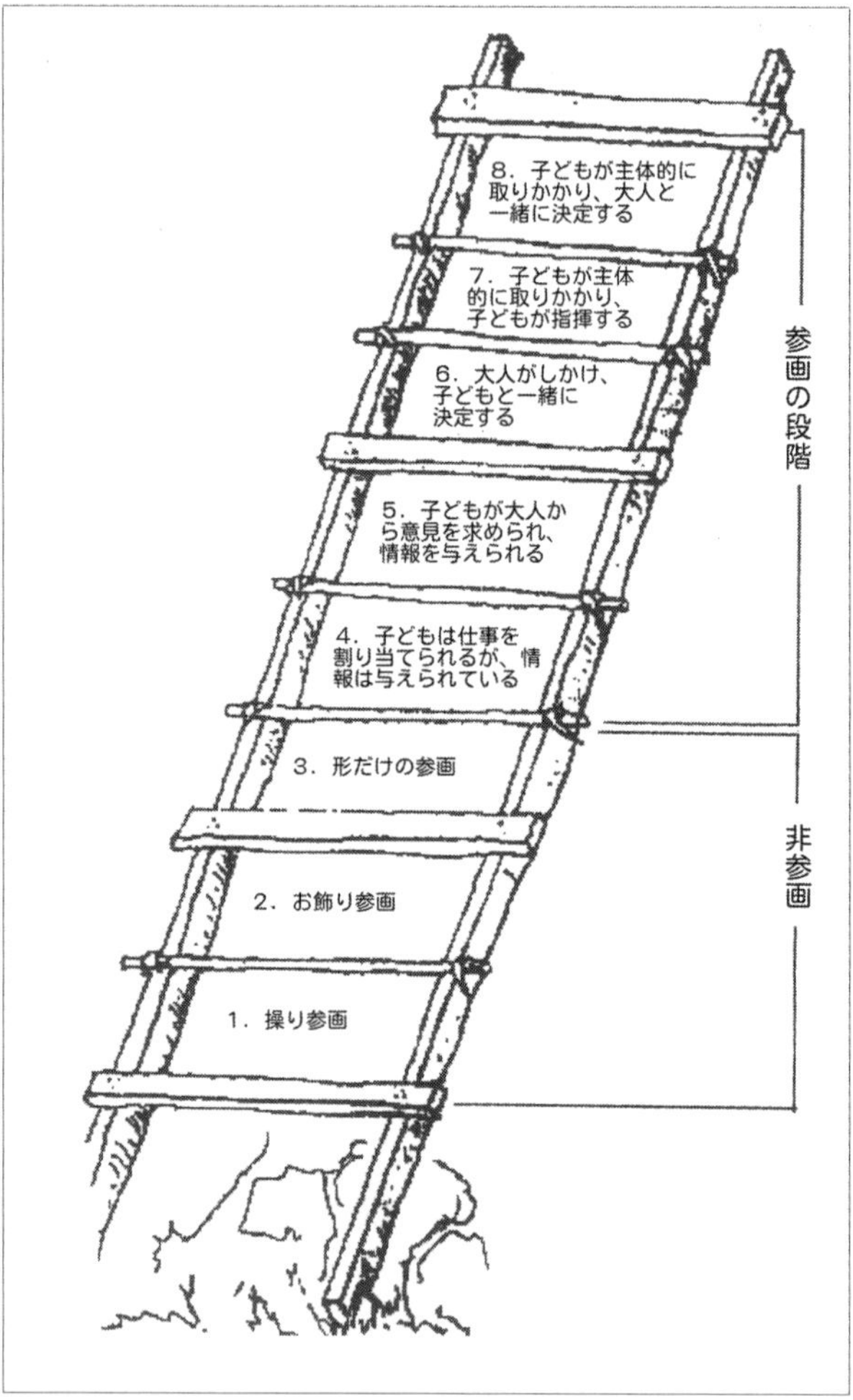
8．子どもが主体的に
取りかかり、大人と
一緒に決定する
7．子どもが主体
的に取りかかり、
子どもが指揮する
6．大人がしかけ、
子どもと一緒に
決定する
5．子どもが大人か
ら意見を求められ、
情報を与えられる
4．子どもは仕事を
割り当てられるが、情
報は与えられている
3．形だけの参画
2．お飾り参画
1．操り参画
参画の段階
非参画

■参画の度合いを示す「はしご」のモデル
（出典：ロジャー・ハート著、木下勇・田中治彦・南博文監修、IPA日本支部訳『子どもの参画』萌文社、2000年、p.42より作成、原著1997年）

4段目より上が、3段目までと何が違うかというと、そこに子ども自身の意思があることではないでしょうか。大人が主導していたとしても、そこに子ども自身の理解・納得が伴えば、参画になります。つまり、子どもの参画は、子ども自身が主体的に生きている状態、自分のニーズにアクセスできている状態を前提にしています。

ここまで見てきた現場で私は、4段目より上の、子どもの参画の様子にたくさん触れさせてもらってきました。皆さんの現場や家庭における「子どもの参画」は、何段目ぐらいでしょうか？

子どもの参画、つまり個々人の主体性をベースにした取り組みをグループや組織の中で進めていくためには、子ども同士や、子どもと大人の間での、コミュニケーションが必要になってきます。そこにはうまくいかないことや面倒で疲れてしまうようなこともたくさん含まれるでしょう。子どもたちを変に持ち上げるような「参画ごっこ」になってしまわないために、その苦労を子ども自身から奪わないということも、とても重要なことであると思います。

コラム　オルタナティブ教育という言葉について

オルタナティブは、直訳すると、「新しい」とか「既存のものに代わる」「代替の」という意味です。

つまりオルタナティブ教育は「既存の教育に代わる新しい教育」、オルタナティブスクールは「既存の教育に代わる新しい教育」ということになります。

どうでしょうか？　イメージが湧くでしょうか？

もう少し掘り下げてみましょう。ここで考える必要があるのは、「既存の、新しくない（伝統的／古典的な）教育とはどのようなものか」ということになります。みなさんは、どんなことを思い浮かべますか？

例えばこんなことではないかと思います。

・学ぶ内容や方法を教師（もしくは国）が決める
・みんな同じ内容を同じ方法、同じスピードで学ぶ（画一性）
・制服があって、校則が定められていて、守らなければいけない

・知識はあくまで教師から生徒へ提供される
・教科書やドリルで学ぶ

このような教育を「既存の教育」とすれば、そのオルタナティブ教育とは、子ども一人一人の興味関心や発達の段階を重視して、子ども自身の選択と決定を尊重する教育。子ども自身がコミュニティに参画し、構成員として意思表明でき、それが尊重される教育。教師から生徒へ、だけではなく、教師と生徒の間、生徒と生徒の間に相互に学び合う関係がある教育。このように言えると思います。

4章で私が列挙してきた要素と重なるところが多いことに、お気づきになるかもしれません。ただし、もちろん2、3章で取り上げた現場がすべて「オルタナティブ」を名乗っているわけではありませんし、そもそもこの言葉に厳密な定義はありません。

オルタナティブ教育の代表的なものとしては、シュタイナー教育、モンテッソーリ教育、ダルトンプラン、イエナプランなどがあります。

日本ではなんとなく、制度内の学校はオルタナティブスクールと区別されるような向きもあります。歴史的に見れば、「国の管理下にある（制度による縛りがある）」ということからの解放という側面があったため、これは間違ってはいません。

ただ、時代の変遷とともに、オルタナティブな教育が制度内でも展開されるようになってきたことは押さえておきたいところです。欧米などでは公立のイエナプラン校やモンテッソーリ校もありますし、日本でもきのくに子どもの村学園、ここ数年で設立されたイエナプランの学校・大日向小学校やドルトン東京学園などは、認可学校として存在しています。制度内に位置づいている学校で、「オルタナティブ教育」を取り入れている現場は、おそらくこれから増えていくでしょう。

日本ではなんとなく、不登校の子どもたちを受けとめる居場所・学びの場がフリースクールと呼ばれるようになっていますが、世界的にはフリースクールとは、イギリスのサマーヒルに代表されるように、子どもたちが自由な環境で学び育ち、また政府から独立しているという意味で自由な学校のことを言います。またこういう学校が集うＩＤＥＮ（International Democratic Education Network）という国際的なネットワークも存在しています。

5章

これからの展望、未来の学校

民主的な教育を日本中に

この章では、ここまでの教育をめぐる「旅」を踏まえて、私自身が実現したい・広げていきたいと思っている「民主的な学び・教育」について、改めて整理していきます。そのうえで、それを実現するために考えていること、これまでやってきたことやこれから必要だと思っていることについて、述べていきたいと思います。

私が実現したい「民主的な学び・教育」とは、一言でいうと、「民主的な環境のもとで、民主的な社会をつくる力をはぐくむ教育」です。

イメージをわかりやすくするために、4段構造のモデルをつくってみました（次ページ）。おそらく、「民主主義を教えよう！」などと言われても、「堅苦しい」「難しい」と感じる人が多いのではないかと思いますが、私の言いたいことは特段「政治教育をしよう」ということではありません（それも大切ですが）。きっと教育現場で奮闘する多くの人たちが、日々大切にしたいと思っていることと、重なるものだと思っています。

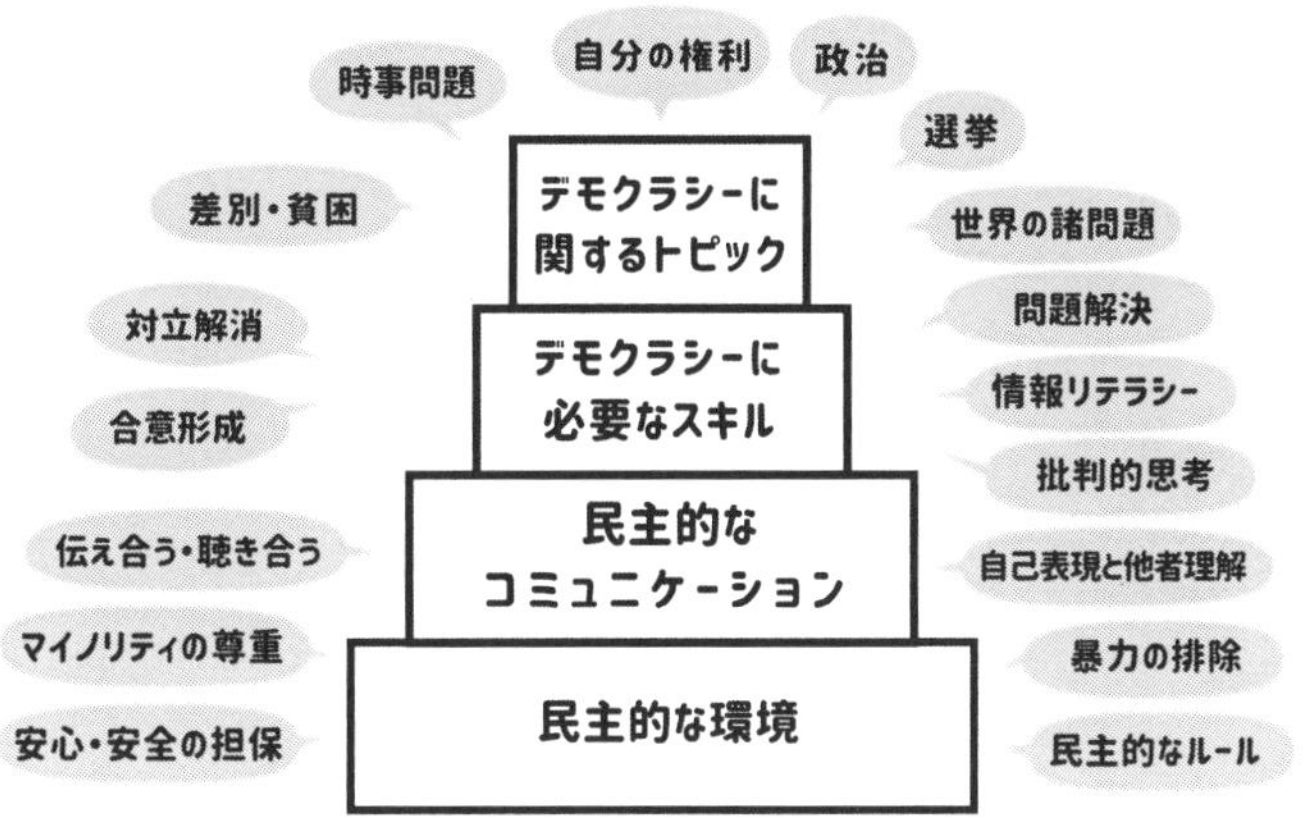

私の思う「民主的な教育」の構成要素

1段目：民主的な環境

まず、子ども・学習者が権利の主体として尊重され、安心・安全な環境で、理不尽な抑圧や暴力を受けずに学び育てる環境であることが根本であると考え、1段目に置きました。多様なバックグラウンド、特性、能力を持っていることを前提に、マイノリティの子どもたちが不用意な言葉や環境によって傷つけられないということ、場のルールづくりに子どもも・学習者自身が参画できることなどもこの領域に含まれます。

2段目：民主的なコミュニケーション

そのうえで、自分の思いや考えを表現でき、かつ自分とは違う誰かの声に耳を傾け理解し合うコミュニケーション経験をたくさん積めることがとても大切な要素だと考えて2段目に置きました。自分も大事で、相手も大事。このアサーティブ・相互尊重の感覚なしに、デモクラシーは成り立ちません。

3段目：デモクラシーに必要なスキル

そして、3段目にスキル。誰かの意見を鵜呑みにするのではなく、自分の頭で考えること。違う意見・考えの人と対話をし、合意形成をしたり、もめごとを解決したりできること。民主的な社会をつくっていくうえで、これらのスキルは欠かせないものだと思います。このスキルの部分の学びも今の学校教育の中では十分になされているとは言えないと感じます。

4段目：デモクラシーに関するトピック

そして、一番最後に、トピック・テーマを置きました。社会や世界に実際にある諸問題を考えること。それを自分ごととして捉えることは、下段の経験を積んでいないとより難しいように思います。一番上のトピック・テーマを扱う授業や教育実践は、アンテナの高い先生たちによって行われていますし、教科書の中でも多少なりとも取り上げられているのですが、それを

「今の問題」「自分の問題」として捉えるのが難しい現状があるのではないでしょうか。そのため、学校での学びが社会的なアクションにつながっていくことは、どうしても少なくなってしまいます。

「1段目からやらないと意味がない」とか「下から順番に取り組んでいくべきステップ」だとは考えていません。すでに学校で取り組まれている事例もたくさんあると思います。民主的な教育という、私の関心に則して、包括的にまとめた図として、受けとめていただければ幸いです。

また、下図のような整理もしてみました。215ページの図が教育者側の目線での整理だとすると、こちらは学習者視点で整理したもの、ということになるでしょうか。

デモクラシーの階段
Get access to our society
—社会のあり方を考える—
Get access to our community
—私たちのあり方を考える—
Get access to others
—自分とは違う他者と対話する—
Get access to myself
—自分の望むものを知っている—

1段目：自分の望むものを知っている

まず自分が自分にアクセスしている状態が第1ステップ。

自分が何を求めていて、何を考えて何を欲しているのか。どうしたいのか、何が嫌なのか。それがつかめていて、その自分の感覚やニーズが、大切で尊重されるに値するものだと思えていること。これがないままの他者尊重や協調は、本来はデモクラティックなありようではないと思います。

2段目：自分とは違う他者と対話する

そのうえで、他者との関わりがあります。現実には、自分の意見が尊重されるべきであるのと同じ様に、尊重されるべき意思を持った他者がいます。しかも他者の意見は、自分と違うことも多い。そこから、「ではどうする？」と考え、話し合う。折り合いをつけたり、納得点を探したり、コミュニケーションをとっていく。それが第2ステップです。

3段目：私たちのあり方を考える

それが2人からもっと広がって、所属しているグループやコミュニティとしてどうするか？というレベルになるのが第3ステップ。みんなが幸せに過ごせるための仕組みやルールや文化を対話や議論を通してつくり、また状況に応じてつくり変えていくということが必要になります。

4段目：社会のあり方を考える

そして、その延長線上に、「国や自治体レベルの仕組みやルールをどうする？」という、より高度で広範囲な問いが出現します。これが第4ステップです。たとえば、1、2、3段目をすっ飛ばして、「選挙に行くのは自分たちのためだよ」と言われても、やっぱり実感が湧きません。1〜3のステップでの、「参画」の手触り・実感を持てているからこそ、「投票は大切だな」と思えるのではないでしょうか。自分の思いや意見や感覚を出発点に、身近なものを変えていける実感がないまま、「社会の形成者としての責任が……」なんて言われても、そりゃ難しいよねと思うのです。でも実際は、そういうことが起きているのではないでしょうか。

私は、この4つのステップが、地続きに感じられ、自分という個人と、コミュニティや社会とがつながっている、そんな感覚を持てる人が増えたら、もっとよい社会になっていくのではないかと考えています。

では、このような教育が広がっていくために必要なこととは何なのでしょうか。私自身がこれから取り組んでいきたいこととも重なりますが、ここでは3つあげたいと思います。

【必要なこと①】
既存の学校が変わっていくこと

まず、既存の学校、特に各地域に根ざした公立の学校が変わっていくことです。これらの学校は、選択肢を持っていなくても、家庭に選択する意思や意欲がなくても、〝行くことになっている〟学校です。少なくとも出生届が出ていて住民票があれば行政が子どもの存在を把握でき、もし学校に来なければ不就学に気づいて対応することができます。教育を選ばない・選べない家庭の子どもたちを受けとめているところに、大きな意味と存在価値があります。

学校が「変わる」ためには、教師のマインドが変わっていくということと、組織やシステムが変わっていくということの両方が必要です。

私自身、公立学校を地盤沈下から守る必要を感じながらも、その「地域の学校」で子どもたちが傷つくことが常態化しているのは、認めざるを得ません。子どもたちを抑圧する理不尽なルールや文化が、今でも数多く存在します。ゆとりのなさや画一的なシステムによって、例えば発達の凸凹の大きい子どもたちは、不適応、「困った子」のレッテルを貼られがちです。

大きな声を出して、子どもたちに言うことを聞かせることができる、〝管理上手〟な先生が「力のある先生」と言われ評価されることも多いです。残念な話ですが、「人権学習に熱心に取り組む先生」が、同時に生徒指導で地毛が茶色い子の髪を黒染めさせる、ツーブロックにしてきた生徒を校則違反だとして教室に入れない……というような話を聞くことも珍しくありません。

もちろん、この中で違和感を感じ、そうではない実践を志す先生たちもたくさんいますが、まだまだマイノリティであり、だからこそ苦しい思いをしながら、葛藤を抱えて現場にいるのだと感じます。

思い描いている実践を具体的に自分の授業や教室の中で実現し、周囲を「ああ、この授業での子どもたちの姿は素敵ですね」「確かに子どもたちに力がついていますね」と納得させるのは大変です。さらに、同僚や関係者、保護者と対話し、信頼関係をつくり、組織の変化を促すことにはたくさんの困難が伴い、途方もない根気と努力が必要です。変えたいという願いを持っている教職員の方たち同士がつながり、私たちのような外の人間もそこに連帯し、一緒に悩み、一緒に学びながら、内側から学校を変えていく動きが必要だと考えています。

また、現場の教育者や組織がいくら変わろうとしていても、学校のゆとりのなさや、教育行政の構造的な課題がこれを阻害することも多いのが現状です。リソースが少なく、多忙なうえに、年々やることが増えていく現状の中で、「主体的・対話的で深い学び」が求められ、現場はジレンマに陥り、教師は荷重負担に苦しむことになっています。現場が、民主的に運営されるには、時間的にも人員的にももっとゆとりが必要であり、意思決定が現場の実情に合わせて柔軟にできるような、裁量権の移譲も必要だと思います（本当は各学校ごとに判断できることは少なくないのですが、実際には慣例や同調圧力によって、教育委員会や文部科学省の方向性と異なる判断をするのは難しいという状況があります）。この状況を変えるためには、多様なステークホルダーが連帯して、時代に合ったかたちの教育運動をつくっていく必要があると私は思っています。特に、若い保護者や教育関係者が「自分も一緒にやれる」「参加できる」と感じられる運動をつくっていくことが急がれます。

私は、これまでの10年以上の活動を通して、学校現場で働くたくさんの教職員の方と出会ってきました。「中にいながら、おかしいと思うことがたくさんある」。「子どもの声を尊重できる民主的な教育をやっていきたい。でも、孤独を感じる」。「同僚と心を開いて本音で話せない」。「どうせ変えられない、言っても聴いてもらえないと諦めて手放していることがある」。そんな声にたくさん触れてきました。

「学校は変わらないといけない！」という学校外からのメッセージや圧力は、年々高まっています。もちろん、妥当な意見もその中にはたくさんあります。私自身、いろんなことを発信してきました。ですが、それらの外からのメッセージが現場の人の心を冷やしているところもあるのではないかと、ここのところ思うのです。各現場や一人一人の教職員の中には、様々な葛藤や、よりよくしていくための模索があります。でも、そこは見られずに「学校はダメだ」「ひどい」と断罪されてしまう。ですが、変わりたい、変えたいと思っている人は、学校の中にこそたくさんいると思うのです。学校の内側にある思いや力を引き出し、あたためることでこそ、学校はよくなっていくのではないでしょうか。

学校現場の疲弊と窮状は、もはや極まっており、不必要に子どもが傷ついたり、先生が心を病んだり、人一倍思いを持って働いてきた人が現場を去る……そんなことが常態化しています。子どもたちが尊重され、自己効力感を高めて巣立っていける学校教育をつくるためにも、学校で働く教職員が「現場の声には価値がある」「自分たちには変えていく力がある」という実感を持てる状況をつくりたい。そんな思いから、最近、仲間の教職員の方々と一緒に、「School Voice Project」という取り組みを立ち上げました。

まずは、WEBアンケートサイトをつくって現職の教職員の皆さんにユーザー登録をしていただき、声を集め、見えない思いや現場にある様々な知恵や資源を「見える化」し、メディアへの発信や政策提言などを通して社会に届けるということから始めます。

現場の声がより大きな社会的インパクトを持てる状況をつくるべく、3年後にはユーザー数を5万人ほどにするのが目標です。本書をお読みになっている教職員の方に、ぜひご登録いただければ嬉しいです（https://school-voice-pj.net/）。

【必要なこと②】

多様な教育の場が認められ、安全に広がっていくこと

2つ目は、この本でご紹介してきたような、子ども主体の、自治的で民主的な学び場が今以上に数を増やし、社会的に認知され、公教育の中に位置づいていくことだと考えています。

世界のオルタナティブ教育を研究なさってきた永田佳之さんは、著書『オルタナティブ教育――国際比較に見る21世紀の学校づくり』（新評論）の中で、このように述べています。

初めから意図されていたわけではないが、比較的自由な学校づくりが可能なシステムを取り入れた国では、約一～二割の学校がオルタナティブ教育を授け、一割前後の生徒がそうした教育を受けているということが明らかになったのだ。たとえ一割であってもマイノリティの声が反映される公共空間が保障されているということは、社会全体にとって有意義なことである――先の国々（※編集部注：デンマーク、アメリカ、オーストラリア、オランダ、カナダ、韓国、タイ、台湾、ニュージーランド、ロシアなど）への訪問調査はこのような想いを私に抱かせてくれた。

本書によると、例えば、オランダでは全体の学校数の約１割が、イエナプランやモンテッソーリ、ダルトンプランなどのオルタナティブスクールです。デンマークでは、フォルケホイスコーレの理念を引き継いだ私学・フリースコーレや、よりリベラルなリラスコーレが義務教育の学校の１割程度を占めています（２００５年当時）。それによって、例えば、サークルになって話し合うことや、発達段階に応じた教え方などが、その他の学校にも広がっていき、国全体の教育のかたちに影響を与えてきました。

日本でも、私が活動を始めた10年前と比べれば、オルタナティブな教育のありようは、時代が変化する中でむしろ「今求められる力を育める教育」として、注目されるようになってきています。これからは、より多くの子どもたち・家庭がそこにアクセスできるような環境整備が必要でしょう。

現状、日本において「多様な教育の選択肢」は、経済的に恵まれているか、少なくとも情報感度が高く、教育への関心が高い人々が享受できるものになってしまっているところがあり、それには強い違和感を覚えています。子どもの教育に関心がうすい、もしくはそこにリソースを割くゆとりがない状況で日々を暮らす家庭はけっして少なくありません。また「選べる」「つくれる」人たちが、自分の持っている「特権」に自覚がなさそうに感じることがあるのも私がモヤモヤしてしまう原因の一つかもしれません。

また、これが加速していくと、いろんな家庭背景/社会背景の子どもたち同士が出会い、混じり合って関わり合う機会が少なくなってしまいます。同じ国で暮らしていても、それぞれ違う世界で生きているような、そんな社会階層や価値観を共有するグループごとに断絶された社会がやってきそうで、そのことに怖さも感じます。

その一方で、「だから、みんな地域の公立学校に行くのがいいんだ」「教育の選択肢なんてないほうがいいんだ」とは、私は言えません。前述のように、現状、日本の「地域の学校」は、確かにセーフティネットでもあると同時に、「管理」「選別」「標準化」を当たり前とする、抑圧的な文化がまだまだ色濃い場所でもあるからです。そういう意味で、今現在「学校がしんどい」子どもたちには違ったかたちで学習権が保障される場が必要だと思いますし、最初から違う学校を選びたいという親の気持ちも理解できます。

私は、多様な背景や特性を持つ子どもたちが息をしやすい環境で学んだり育ったりできるためには、多様な学びの環境にアクセスできるようになること、同時に公立学校が多様性を受けとめられる場になることが重要だと思っています。そのバランスがいかなるものであれば「よりよい」のか、私は現時点で答えを持っていませんが、いずれにしても、多様な教育の選択肢はこれからどんどん増えていくでしょう。そして、多様な教育が広がることには、市場化のリスクが常に隣り合わせです。最初は良心的な、志あるフリースクールやオルタナティブスクールが多くても、それらが市民権を得るほどに、営利目的の企業の参入も増えるでしょう。規制緩和をすべて否定するつもりはありませんが、企業競争に子どもが巻き込まれ権利を侵害されることが起きないように、また格差の拡大を警戒しながら、子どもたちの安全・安心を担保できる質の保障を前提に、制度づくりを丁寧にしていく必要があると思います。

【必要なこと③】

思いを同じくする人同士がつながっていくこと

普段、学校の先生同士は研修の場などで関わる機会があります。またフリースクールはフリースクールの全国ネットワークがあったり、民間の教育事業者（NPOや企業など）は、互いに出会う機会があります。保護者も学校単位・地域単位ではつながっていますし、PTAの連合会も存在します。ですが、異なる立場の人たち同士が出会い、対話する機会は実は乏しいのではないかと思います。

立場や形態が違えど、価値観や思いを共有できることはあります（逆に立場や形態が同じでも価値観が異なることもありますよね）。

例えば学校の先生とフリースクールは、その立場の違いによって従来つながりづらさがありました。私のホームグラウンドでもある、同和・人権教育を例にあげてみます。「今日もあの子が机にいない」という不就学の問題から実践が始まった同和教育において、「学校はセーフティネット」であり、学校に来るように促すことは「善なる行為」でした。一方で、フリースクールはむしろ、「学校に行かないことによって迫害されない権利」「既存の学校以外で学び育つ権利」を求める運動でした。「学校教育の抑圧性への異議申し立て」です。「不登校は不幸じゃない」と、もっと既存の学校以外の選択肢を選んでいいんだという発信も増えていますが、一言で不登校と言っても子どもたちの状況は多様です。ネグレクト家庭で育つ子どもたちが不登校になりやすい傾向もあります。この場合は学校に行けるように支援することが「子どもの最善の利益」である可能性も高いでしょう。

学校もフリースクールも、それぞれに目の前の子どものために一生懸命活動しているにもかかわらず、その子どもたちの置かれている環境や「しんどさの中身」が異なるため、分断され、ともすれば対立してしまうこともあるように思います。

子どもの貧困の問題や家庭がしんどい子たちのセーフティネットづくりに取り組んできた人たちの中には、「多様な教育の選択肢」と聞くと、不平等が拡大するとの危惧から強い反発を表す人もいます。けれどその人たちには、学校に合わず、学校の外に居場所を切実に求めている子どもや親の姿は見えていないことも多いように思うのです。逆に、選択肢を求める人たちには、選択肢がない、あっても選べない子どもや家庭の姿は見えづらいということもあるでしょう。

同和教育運動の中で育ち、フリースクール／オルタナティブ教育運動に学び、両方に影響を受けた私は、まったく異なるように見えるこの2つの運動は「こどもの権利」の観点でつながれるはずだと考えています。むしろ、両者が学び合い、対話することなしには、あらゆる子を包摂できる学び育ちの環境づくりは実現できないのではないでしょうか？

保護者と教職員も、対立的な関係に陥りがちです。ですが、子どもの教育を考えた時、本当は互いに手を取り合い、環境改善を一緒に訴えていける仲間にもなれるはずです。

幅広い教育・子どもを支える立場の大人が、最終受益者である子どもたちを真ん中にして、連携や協働、役割分担ができればと思います。立場や普段のコミュニティを越えて出会い、共通の思いや願いを確認し合いながら、つながることで、社会に対してより大きなインパクトを与えられるようになるはず。また、そのためにはもちろん、異文化を理解し合い、目的を共有するための対話や調整、そして相互に変容し合うことが必要でしょう。それは簡単ではないですが、とても重要なことだと思います。私自身も微力ながら、これからもそこに貢献できればと思っています。

＊　＊　＊

最後に、この本では、これまで出会ってきたたくさんの学校や教育現場をご紹介してきました。社会基盤・学校組織の基盤が異なる中で、もしかしたら、紹介してきた学校のやっていることを、「遠い世界」のことのように感じられた方もいるかもしれません。ですが、現実を一つずつ変えていくためには、それぞれの「現場」で、できる人が、できることをできるだけする。これに尽きると私は思っています。

現場というのは、家庭の中かもしれないし、職場かもしれないし、市民活動の場かもしれません。今、目の前の子どもたちや、教育環境、社会状況を前にして、切実に変えたいと願うことがあなたの中にあるとしたら、変えていけるのはきっとあなた自身です。私も、自分に対していつもそう語りかけ、動いてきたつもりです。

日本でも、世界でも、一人一人が自分たちの状況や、目の前で起こっていること、社会の現実について語り合い、対話を通して気持ちを共有し、社会の現実を読み解いていく営みが、変革を引き起こしてきました。だからぜひ、身近な人たちと、学校や教育について、社会について、思っていることを心を開いて、話し合ってみるところから始めてみませんか？

漠然と話し始めるのが難しければ、この本でご紹介したいろいろな事例をもとに、それらをどう感じるか、取り入れられることはあるか、難しいと感じるとしたらそこにはどんな現実が立ちはだかっているのか、その現実を変えていく術はないのか……そんなことを話してみてもいいかもしれません。

この本の中に、「答え」は書かれていないかもしれませんが、読みながら生まれた問いや気づきを、家族や同僚や友人の皆さんと一緒に教育を考え合うための、ヒントやきっかけにしていただければ、これ以上うれしいことはありません。

おわりに

関東の教育現場をめぐるEDUTRIPを、初めて企画したのが2008年。あれから13年が経ちました。この13年で私自身が学んだことは、「当たり前」を揺さぶるだけでは教育現場は変わらないということ。具体的で、現実的な問題に一つひとつ向き合い、どうにかしていくことの積み重ねで、学校はよくなっていくのだということです。そして、そのために現場の人たちとの信頼関係を大切にし、エンパワメントにつながるかかわりを模索せねばならないと強く感じています。

しかしながら、それでもやはりビジョンを描くこと、本質を問い続けることは重要です。そこを握っておくことをやめてしまえば、簡単に現実に押し流されてしまいます。学ぶとはどういうことなのか。どんな社会をつくりたいのか。よい教育とは何か。自由と責任とコントロールについてどう考えるのか。学校は何のためにあるのか。これらを問うときに、様々な「教育のかたち」に触れることは、役に立ちます。私もこれからも、視野を広げ、情報を入れ続けながら、考え続けたいと思います。

この本が、皆さんにとっても、問いを投げかけるものになっていたなら、とても嬉しく思います。

2章でご紹介した学校や教育現場は、少ないリソースで運営されているところも少なくありません。応援したいと思ってくださった方は、巻末に情報をまとめましたので、ぜひ寄付などのかたちでご協力いただければと思います。

《参考文献・資料》

・『被抑圧者の教育学』（パウロ・フレイレ著／小沢有作翻訳、亜紀書房、1979年）
・『情熱大陸』よみたん自然学校（MBS、2008年10月5日放送）
・『シューレ大学紀要』（第1号〜17号、2003〜2020年）
・『自由学校の設計——きのくに子どもの村の生活と学習【増補】』（堀真一郎著、黎明書房、2009年）
・『きのくに子どもの村の教育——体験学習中心の自由学校の20年』（堀真一郎著、黎明書房、2013年）
・『体験学習で学校を変える——きのくに子どもの村の学校づくりの歩み』（堀真一郎著、黎明書房、2021年）
・『象の消滅 短篇選集 1980-1991』（村上春樹著、新潮社、2005年）
・『自分を生きる学校——いま芽吹く日本のデモクラティック・スクール——』（デモクラティック・スクールを考える会編、せせらぎ出版、2008年）
・『まちかんてぃ！動き始めた学びの時計』（学校NPO法人珊瑚舎スコーレ著、高文研、2015年）
・『あなたの子どもにぴったりの「学習法」を見つける本——5つの「ラーニングスタイル」で個性を伸ばす』（マリアエマ ウィリス、ビクトリア・キンドル ホドソン著／伊東恵子、牧野美奈子、黒田ゆきよ翻訳、PHP研究所、2001年）

・『学校をつくりつづける――自由の森学園の人と空間』（自由の森学園出版プロジェクト、桐書房、2009年）
・「字をおぼえて、夕焼けが美しい」『にんげん』（全国解放教育研究会編、明治図書出版、1970年）
・『アメラジアンスクール――共生の地平を沖縄から』（与那嶺政江、野入直美、セイヤーミドリ著／照本祥敬編、蕗薹書房、2001年）
・「批判的思考力を育むための平和教育実践――アメラジアンスクール・イン・オキナワにおける日米教員の協働授業から」（北上田源、平和文化研究32、P147-168、2011年）
・『未来を変えた島の学校――隠岐島前発　ふるさと再興への挑戦』（山内道雄、岩本悠、田中輝美著、岩波書店、2015年）
・『生のための学校――デンマークで生まれたフリースクール「フォルケホイスコーレ」の世界』（清水満著、新評論、1996年）
・『若者からはじまる民主主義――スウェーデンの若者政策』（両角達平著、萌文社、2021年）
・『マレットファン――夢のたねまき』（村中李衣著、新日本出版社、2016年）
・『やりすぎ教育――商品化する子どもたち』（武田信子著、ポプラ新書、2021年）
・『子どもの参画――コミュニティづくりと身近な環境ケアへの参画のための理論と実際』（ロジャー・ハート

著／木下勇、田中治彦、南博文監修、萌文社、２０００年）
・『オルタナティブ教育——国際比較に見る21世紀の学校づくり』（永田佳之著、新評論、２００５年）

《寄付先一覧》

・自由の森学園
https://www.jiyunomori.ac.jp/support/kifu.php
・雫穿大学
https://tdu.academy/donation/
・よみたん自然学校
https://yomitan-ns.org/supporter/
・珊瑚舎スコーレ
https://sangosya.com/support/
・アメラジアンスクール・イン・オキナワ
https://sites.google.com/amerasianschoolokinawa.org/home-en/supporting-aaso
・西宮サドベリースクール

https://www.nishinomiya-sud.com/kifukizou/

・デモクラティックスクールまっくろくろすけ

https://makkuro20.jp/money

・北星学園余市高等学校

http://www.hokusei-y-h.ed.jp/education/donation/

■著者紹介■
武田　緑（たけだ・みどり）
教育ファシリテーター／Demo代表

教育ファシリテーター。Demo代表。人権教育・シティズンシップ教育・民主的な学びの場づくりをテーマに、企画や研修、執筆、現場サポート、教育運動づくりに取り組む。現在の活動の中心は、全国各地での教職員研修や、国内外の教育現場を訪ねる視察ツアー「EDUTRIP」、多様な教育のあり方を体感できる教育の博覧会「エデュコレ」、立場を越えて教育について学び合うオンラインコミュニティ「エデュコレ online」、学校現場の声を世の中に届ける「School Voice Project」など。https://dem0.work

読んで旅する、日本と世界の色とりどりの教育

2021年9月10日　第1刷発行

著　者　武田　緑
発行者　福山 孝弘
発行所　株式会社 教育開発研究所
〒113-0033　東京都文京区本郷2-15-13
TEL03-3815-7041／FAX03-3816-2488
https://www.kyouiku-kaihatu.co.jp
表紙デザイン　山口良太
イラスト　ヒライマサヤ
印刷・製本　中央精版印刷株式会社
編集担当　桜田 雅美・松島 響子

ISBN 978-4-86560-544-0